hänssler

VON FRAUEN FÜR FRAUEN

Geborgenheit erfahren

Von Ermutigungen auf schweren Wegstrecken

herausgegeben von Gerdi Stoll

Gerdi Stoll, geboren 1947, ist Pfarrfrau und Mutter von drei Kindern. Sie war mehrere Jahre als Lehrerin tätig.
Aus ihrer jetzigen Arbeit in Seelsorge, Vorträgen und Begegnungen mit verschiedenen Menschen sind die Beiträge dieses Buches erwachsen.

5. Auflage 2001
Von Frauen für Frauen
Bestell-Nr. 392.064
ISBN 3-7751-2064-5

Internet: www.haenssler.de
E-Mail: info@haenssler.de
Umschlaggestaltung: H. Schnorr v. Carolsfeld-Giebeler
Titelbild: Beate Binder
Satz: AbSatz Ewert-Mohr, Klein Nordende
Druck und Verarbeitung: Ebner Ulm
Printed in Germany

Inhalt

1.
Anstelle eines Vorworts

Gebet

Woher nur die Freude nehmen,
Vater im Himmel!
Es gibt doch so unsagbar viel Leid und Not!

Da ist das qualvolle Leiden,
das die unheilbare Geschwulst auslöst;
der plötzliche Tod nach einem schweren Verkehrsunfall;
die Trennung von zwei Menschen, die sich einmal geliebt haben,
doch Enttäuschung, Verbitterung und Härte ließen
keinen Neuanfang mehr zu.

Und schau' ich in die Welt:
Eine Katastrophe jagt die andere,
Hungersnöte und Kriege reichen sich die Hand,
Fremdenhaß, Verfolgung und Zerstörung
bedrohen den Frieden und die Freiheit um uns herum.

Es gibt Tage, da überschlagen sich
die Wellen auch bei mir.
Ich bin so unruhig und aufgewühlt,
so zerrissen und am Boden zerschlagen,
daß selbst die Hoffnung,
an der ich seither festgehalten habe,
zu versickern droht.
Worunter ich jetzt leide,

das hast du, mein Gott und Vater,
in deinem Wort schon längst gesagt:
daß nämlich die Schöpfung – und damit auch ich
seufzen werde und geängstet bin.
Danke, daß ich nicht stark sein muß,
daß ich diese Tiefe vor dir zulassen darf.

Doch dann verheißt du etwas Großartiges in deinem Wort:
Denn auch die Schöpfung wird frei werden
von der Knechtschaft der Vergänglichkeit
zu der herrlichen Freiheit der Kinder Gottes.*

Ja, Vater, nach dieser Freiheit sehne ich mich jetzt schon.
Mit dieser Hoffnung möchte ich leben
und auch das Seufzen neu bewerten lernen.

Schenke du mir eine getroste Freude,
damit ich wieder leben und atmen kann.
Denn nur in dir bin ich geborgen.

Gerdi Stoll

* Römer 8,21

2.
Leit(d)gedanken

*Wer das Leid ausklammert,
reduziert den Menschen.*

Reinhold Ruthe

*Hier im Westen erlebe ich eine große Leidensscheu bei den Christen. Die schämen sich sogar zu sagen, daß sie leiden und Not haben. Aber wie wollen diese Christen die Tiefen und den Reichtum des Lebens überhaupt einmal erfassen können? Man hat noch nicht entdeckt, wie das Leid den Menschen bereichert, verinnerlicht, wie es den Menschen menschlich macht ...
Gott verbirgt das Glück im bestehenden Leid, denn wer das Leid annimmt, erlebt darin auch eine besondere Nähe zu Gott, die jedes andere Glück weit übersteigt.*

Tatjana Goritschewa

3.
Gebet

Das eigene Leid annehmen,
die Tür nicht ins Schloß werfen,
der Hoffnung Einlaß gewähren,
wie schwer ist das!
Schwerer noch,
ach, ungleich schwerer ist es,
ja zu sagen
zu des geliebten Menschen
dunkler Last.
Du harrst bei ihm aus.
Du öffnest dich seiner Klage
und weinst mit ihm.
Das ist viel.
Jedoch,
wessen bedürfte es mehr,
als daß du
noch einen Schritt
weitergehst,
dich für ihn zu beugen
unter das ihm Auferlegte,
dessen Sinn
du nicht einmal ahnst,
den schweren Weg
des Vertrauens
unter die Füße zu nehmen,
den du aus eigener Kraft

nicht gehen kannst,
für ihn,
mit ihm
sprechen zu lernen:
»Ja, Vater.«

Sabine Naegeli

Sabine Naegeli: »Die Nacht ist voller Sterne«, Freiburg, 1987, S. 36–37.

4.

Leid-durchkreuzte Lebenspläne

Persönliche Leiderfahrungen

In meinem über 30jährigen Pfarrfrauendasein bin ich sehr vielen Menschen begegnet. Vielen auch, deren Lebenspläne bitter durchkreuzt wurden. Nur eben, wie weh das tut und wie hart das ist, das weiß man erst, wenn man selbst betroffen ist. Als meine schönen Ruhestandspläne durch den plötzlichen Tod meines Mannes grausam durchkreuzt wurden und ich selbst Witwe war, da erst konnte ich mit dem Schicksal von Witfrauen ein wenig mitempfinden.

Unwillkürlich ging mir die Begebenheit durch den Kopf, bei der ich selbst das erste Mal bewußt dem Leid und dem Schmerz einer Witwe begegnet war:

Als junge Pfarrleute hatten wir unseren Dienst in einem Dorf begonnen. Da, eines Tages stand sie vor mir, jene tieftraurige, verzweifelte Bauersfrau. Ihr Mann war mit 40 Jahren überraschend gestorben. Was sollte mit dem Hof werden? Der Sohn war erst 13 Jahre alt. Es war ein riesiger Jammer und eine große Traurigkeit. Ich war so hilflos. Und irgendwie verstand ich diese Frau auch nicht. Sie war doch fromm, wirklich fromm. Daß die Trauer groß war, konnte ich einsehen; aber diese beinahe haltlose Traurigkeit konnte ich nicht nachempfinden. Wenn jene Bauersfrau gläubig war, wenn sie doch diesen harten Schlag aus Gottes Hand annehmen wollte, konnte sie da nicht getrösteter sein?

Wie gut kann ich heute jene Frau verstehen. – Der Glaube und das Frommsein nehmen den Schmerz nicht automatisch weg! Nein, er muß oft bis ins tiefste durchlitten werden. Es tut unbeschreiblich weh, einen geliebten Menschen zu verlieren. Der Tod eines Menschen ist eine ganz bittere Realität. Er ist brutal und grausam. Und es ist ein großer Unterschied, ob man die wunderbaren Trostworte der Bibel an einem fremden Grab oder am Grab eines nahestehenden Menschen hört. Bei dieser Grenzerfahrung trifft zu, was bei allen Leiderfahrungen gilt, daß nur der in etwa verstehen kann, der dasselbe erlitten hat. – In einem afrikanischen Sprichwort heißt es: Du weißt nicht, wie schwer die Last ist, die ein anderer trägt.

Wir wissen z.B. auch meist nicht, wie schwer das Leid ist, das durch eine Ehescheidung ein Leben belastet. Oft ist eine Ehescheidung noch grausamer als der Tod eines geliebten Menschen. Der Tod eines Menschen hat mit dem Willen Gottes zu tun. Ehescheidung bedeutet meist verletzte, verratene, betrogene Liebe und geht doch weithin auf das Konto von Menschen.

Oder ich denke an jene hübsche junge Frau mit ihren drei kleinen Töchtern, die mir in einem Gespräch sagte: »Ach, wissen Sie, mein Leben ist so, als würde ich immer durch einen dunklen, engen Tunnel kriechen. Und immer, wenn eine kleine Öffnung kommt und ich heraus möchte, dann bekomme ich wieder eine drauf.« Leben in einem dunklen Tunnel, wie grausam.

Wieviel Leid können doch notvolle Familienumstände in ein Leben bringen: Der einst so nette Mensch entpuppt sich in der Ehe als äußerst schwieriger Ehepartner. Da ist der Gehirnverletzte oder sonst durch eine Verwundung behinderte Mann. Man kann ihm nichts recht machen. Er ist launisch und unsagbar verletzend. Und das geht über Jahre und Jahrzehnte. Die einst so fröhliche und heitere Frau bekommt einen bitteren Zug um den Mund.

Da sind Suchtkranke, die so viel Not und Kummer in Familien bringen. Allerdings werden Tränen dann meist im Verborgenen geweint, man schämt sich!

Es ist ein stummes Leid! – Wie ganz anders hatte man sich doch einst das Eheleben und das Familienglück vorgestellt. Und nun ist alles so unglaublich mühsam geworden. Lebenspläne durchkreuzt!

Oder denken wir an all das unermeßliche Krankheitselend, das in das Leben so vieler Menschen einbricht. Dieses Hoffen und Bangen vor den Untersuchungen, den Operationen, der Chemotherapie, den Bestrahlungen, den Kuren. Zerbrochene Lebenspläne zuhauf!

Welches Leid bringt es für Eltern mit sich, wenn sie alle Fürsorge, alles Planen und auch Verzichten darauf ausgerichtet haben, den Kindern eine gute Ausbildung, einen guten Lebensstart zu ermöglichen. Doch wenn dann die Kinder ausscheren, scheitern und sichtlich ihr Leben ruinieren … – Leid, immer wieder Leid.

Warum mußte diese junge Mutter krank werden, dieser Vater oder dieses Kind verunglücken? Warum schlug die Medizin nicht an? Und warum muß dieser oder jener Mensch noch weiterleben, der doch so gerne sterben möchte? Seit Jahren muß er der Familie der Kinder zur Last fallen. Ja, es ist nicht selten eine Last, wenn sich die Pflege und Versorgung über eine längere Zeit erstreckt. Darüber werden auch die sogenannten »Jungen« alt.

Bei einem Konfirmandenbesuch empfängt uns eine junge Frau. Sie ist hochschwanger. Das älteste Kind soll konfirmiert werden. Auch eine Zehnjährige ist noch da. Die Frau entschuldigt ihren Ehemann, der noch nicht zu Hause ist. Sie habe ihn extra gebeten, doch etwas zeitiger zu kommen. Er machte immer sehr viele Überstunden. Es ist 23 Uhr, als wir uns verabschieden. Der Vater ist noch immer nicht daheim. – Einige Zeit später mache ich einen Wochenbettbesuch. Eine kurze Begrüßung, und dann bricht der ganze Jammer heraus: »Mein Mann hat uns verlassen! Ich hatte keine Ahnung! Als er mich und die Kleine aus der Klinik abholte, stellte er mich vor vollendete Tatsachen: Er ziehe aus, er habe eine Freundin.« Was für ein Schock! Welch eine unsagbare Verwundung. Von heute auf morgen mit drei Kindern allein, auf diese Weise. Was konnte ich da sagen? Wie konnte ich da trösten?

Und da, eine andere Frau. Sie hatte dem Mann das Medizinstudium mitfinanziert. Inzwischen hatte er sich als Arzt installiert. Ein herziges Büblein war geboren, und nun reichte der Mann die Scheidung ein. Auf die schäbigste Art versuchte er, der Mutter das Kind wegzunehmen. Welch ein Leid, zerbrochene Lebenspläne! Wie schön hätte das Leben an der Seite eines erfolgreichen Arztes sein können. Und nun diese Tragödie!

Warum hat Gott das zugelassen?

Ist Gott gerecht? Über 30 Jahre hatten mein Mann und ich mit ganzem Einsatz und mit Freuden unseren Dienst getan. Immer war die Reihenfolge meines Lebens: Zuerst der Pfarrdienst, dann die Kinder, dann der Mann. Im Ruhestand sollte sich das umkehren! Doch nun nahm mir Gott meinen Mann, und zwar noch vor dem offiziellen Ruhestandstermin. Da breitete sich in mir die Verbitterung aus. Wie sehr hatte ich mich auf diese gemeinsame Zeit ohne Pfarrdienst gefreut. Wieviel schöne Pläne lagen in meinem Kopf bereit. Wieviele Kollegen durften einander noch haben und einen langen Ruhestand genießen? Hatten wir das verdient? War Gott hier gerecht?

Wenn alles in unserem Leben so unbegreiflich schwer wird, dann fragen wir Menschen nach der Gerechtigkeit Gottes. Auch Hiob, jener fromme, von Gott sehr hart geprüfte Mann, hat nach Gerechtigkeit gefragt. Nach langem Ringen erkannte er, daß wir Menschen in der Tat Gottes Gerechtigkeit nicht verstehen können. Gott ist zu groß und wir sind zu klein. Gott ist der Schöpfer und wir sind seine Geschöpfe. Wir können den heiligen und lebendigen Gott nicht mit unseren Maßstäben messen. Und wenn wir's recht bedenken, ist das nicht gut? Wäre es nicht schrecklich, wenn wir Menschen mit unserem Verstand Gott verstehen könnten? Dann wäre er ja nicht Gott, sondern nur ein übergroßer Mensch. Doch das wäre zutiefst unser Unglück! Denn dann wäre ja auch seine Liebe nur eine arme, begrenzte, vergängliche Menschenliebe. Doch die Bibel sagt uns, daß Gott selbst die Liebe ist, ewige Liebe. Darum darf gelten: Auch wenn Gott das Leid in unserem Leben zuläßt, tut er dies nicht, um uns zu vernichten. Unser Gott, der uns unser Leben als einmaliges Geschenk gegeben hat, tat dies nicht, um es wieder zu zerstören und uns sinnlos zu quälen.

Weil dies so ist, versuchen viele Menschen mit dem gutgemeinten Rat: »Du darfst nicht nach dem Warum, du mußt nach dem Wozu fragen« zu trösten. Und sie haben ja auch recht, diese lieben Leute. Nur eben, das geht nicht von heute auf morgen. Das ist meist ein langer, schmerzvoller Weg, bis aus dem Warum-fragen ein Wozu-fragen wird. Wenn wir in tiefes Leid geworfen werden, bricht in uns Menschen zunächst die Warum-Frage auf. Dann ist da die Empörung, die Verzweiflung und der Jammer. Warum ich? Warum mir? Warum gerade uns? Wenn unsere schönen und vernünftigen Lebenspläne durchkreuzt werden, dann sind wir verzweifelt. Der Boden unter den Füßen ist wie weggezogen. Wenn man ganz unten in der Tiefe ist, kann man keinen Sinn erkennen.

Im Leiden ein ganz neuer Blick

Immer wieder ist mir in der Begegnung mit zutiefst leidenden Menschen meine eigene Hilflosigkeit bewußt geworden. Ja, ich wollte gerne trösten und helfen. Gelegentliche Besuche, kleine Aufmerksamkeiten, doch sie griffen zu kurz. Da war die Trauer und der Schmerz, da waren die bitteren Briefe vom Rechtsanwalt, die Wohnungssorgen, die finanziellen Schwierigkeiten, die durcheinander geratenen Kinder und die vielfältig quälenden Probleme. Wer kann da helfen?

Die entscheidende Hilfe geschieht, wenn leidende Menschen über menschliche Hilfe der Person Jesu begegnen.

Wieviele Kranke hat Jesus heilend angerührt. Wieviel Not hat er gesehen und auf sein Herz genommen. Hat er nicht am eigenen Leib allen Jammer der Menschen erlitten? Jesus, der mit Dornen gekrönte Sohn Gottes, war am Kreuz dem Hohn und der Verachtung der Menschen ausgeliefert. Und dennoch betete er für sie und sorgte für seine im Schmerz sich quälende Mutter. Er, der in der innigsten Liebe und in vollstem Gehorsam mit Gott verbunden war, mußte in äußerster Verlassenheit rufen: »Mein Gott, mein Gott, warum hast du mich verlassen!« Und am Ende seiner Marter hören wir ihn sagen: »Es ist vollbracht.« – Im Leiden also hat Jesus die Erlösung der Welt vollbracht. Im Leiden ist er unser Retter geworden! Durch ihn gibt es nun Versöhnung mit Gott. Durch ihn gibt es Vergebung für alle und jede Schuld. Durch ihn gibt es tiefe, innere Heilung und Frieden. Menschen, die sich in ihrer Not, in ihrem Leid, in den ganz konkreten Bedrängnissen ihres Alltags zu ihm hinwenden, werden tatsächlich getröstet. Sie gewinnen bei Jesus eine neue Zuversicht. Er zeigt Menschen, die sich in den vielen Ausweglosigkeiten des Lebens nach ihm ausstrecken, neue Wege. Vor allem aber schenkt er ihnen eine neue Perspektive. Für Menschen, die durch Jesus mit dem lebendigen Gott in Verbindung kommen, tut sich ein neuer Horizont auf. Es ist der Horizont der Ewigkeit. Hier erkennen sie, daß im Leid ein tiefer Segen verborgen ist.

Das Leid, das uns Menschen so unverständlich und so bitter ist, möchte uns immer wieder auch hellhörig machen für den liebenden Anruf unseres Gottes. Das Leid möchte unseren Blick lösen vom oft so krampfhaften Starren auf dieses unser irdisches, vergängliches Dasein, als ob dies alles wäre. Das Leid möchte uns zu einer inneren Reife und Tiefe führen, damit wir am Ende staunend erkennen können, daß hinter den durchkreuzten Lebensplänen Segenspläne Gottes verborgen waren.

Ilse Roser

Manchmal gibt Gott Antworten
mitten im Leid.
Manchmal gibt er Antworten danach,
oft lange danach.
Manchmal müssen wir mit dem
Geheimnis leben.

Kurt Heimbucher

5.
Gehalten

»... Kommt aber Gott herein in die Szene unseres Leidens und Sterbens in der Gestalt des Christus, dann kommt Christus nicht, um uns Sinn und Zweck des Leidens zu erklären oder unsere Fragen zu beantworten. Er kommt, um unser Leiden bis zum Rand mit seiner Gegenwart zu füllen und es so zu einem Weg zu machen, den zu gehen Sinn hat.

Sind wir bereit, unser Leid bewohnen zu lassen, so werden wir es nicht hassen, wie wir auch Gott, den Geber des Leidens, nicht hassen werden. Wir werden in Gott leiden und damit auch seinen Rätseln näher sein. Damit wird das Leid nicht beendet, aber es wird leichter um die Last unserer Gedanken und unserer Vorwürfe gegen Gott. Unser Leid wird tragbarer, je deutlicher uns ist, daß Christus im Leiden und im Tod nicht untergeht, sondern in seiner Auferstehung eine Zukunft für uns alle und für die ganze Schöpfung eröffnet. Wir sagen dann nicht mehr: ›So ist es‹, sondern vor allem: ›So wird es sein‹. Inzwischen nehmen wir das Leid und den Tod aus der Hand Gottes und versuchen, uns seinem Plan und seiner Führung anzuvertrauen ...«

Jörg Zink

Jörg Zink: »Sieh nach den Sternen – gib acht auf die Gassen«, Stuttgart, 1992[4], S. 122–123.

6.
Und plötzlich der Tod

Es war zwei Tage vor meiner Verlobung. Meine Mutter war noch tüchtig mit den Vorbereitungen für das bevorstehende Fest beschäftigt, als mein Vater sie bat, mit ihm zusammen einen Vortrag zu besuchen. Während sie zu Hause bleiben wollte, ließ er sich nicht davon abhalten, sich doch alleine auf den Weg zu machen.

Der Abend verging. Es wurde 22.30 Uhr, und mein Vater war immer noch nicht zu Hause.

»Wo mag er wohl geblieben sein? Sonst kommt er immer recht bald zurück.« – »Vielleicht hat er jemanden getroffen, mit dem er sich unterhält.«

Während ich in mir eine Unruhe verspürte, ging meine Mutter ins Badezimmer, um dann bald schlafen zu gehen.

Plötzlich klingelte es.

Mich durchfuhr ein unbeschreibliches Gefühl, denn normalerweise hatte Vater doch einen Schlüssel dabei.

»Es ist etwas passiert – aber was – und wie schlimm wird es sein – nein – hoffentlich ist es nicht wahr – und doch mußte irgend etwas sein.«

Ich öffnete die Tür. Es war nicht mein Vater, sondern ein Polizist. »Ist Ihr Vater zu Hause?« – »Nein, warum?« wollte ich wissen.

Der Polizist blieb ganz ruhig und fragte: »Haben Sie ein neueres Foto von Ihrem Vater?«

Ich wagte nicht, nach dem Grund zu fragen und holte voller Aufregung ein Paßfoto meines Vaters.

Der Polizist schaute es sich genau an und fragte mich: »Haben Sie Brüder?«

»Ja«, stammelte ich, »die schlafen schon.«

»Bitte wecken Sie Ihre Brüder«, sagte der Polizist.

Als meine Mutter und die beiden Brüder erschienen, wollten wir nun genau wissen, was geschehen war.

»Es war ein Unfall«, sagte der Polizist, »und ich möchte wissen, ob der Mann, der angefahren wurde, Ihr Vater ist.«

Gemeinsam liefen wir die Straße entlang, wo der Krankenwagen stand. Die Hintertür war offen, und im Halbdunkel konnten wir erkennen, daß ein Mann im Wagen lag. Wir wollten es nicht glauben, aber es war unser Vater.

»Ist er tot?« fragte meine Mutter vorsichtig.

»Ja«, sagte der Polizist.

Wir nahmen uns in die Arme und weinten bitterlich. Wir wollten es nicht glauben, nein, wir konnten es einfach nicht begreifen. Wie und warum ist es nur geschehen?

Ein betrunkener Autofahrer war auf den Gehweg ausgeschwenkt, hatte ihn umgeworfen und ein ganzes Stück mitgezogen, bis das Auto an einer Mauer zum Stillstand kam.

Alles war für uns wie ein böser Traum. Völlig erschöpft kehrten wir nach Hause zurück. Es war so unbegreiflich, daß wir unsere Not Jesus klagen mußten.

Am nächsten Morgen standen wir völlig unter Schock.

Die Freude auf das Verlobungsfest war im Familienkreis völlig bedrückt geworden. Es wurde eine stille Feier im Gedenken an unseren lieben Vater.

Der Beerdigungstag kam. Wir Geschwister und Angetrauten beschlossen, am Grab unseres Vaters folgendes Lied zu singen, weil wir dennoch wußten, daß er im Frieden Gottes gestorben war:

Auf dem Lamm ruht meine Seele,
betet voll Bewundrung an.
Alle, alle meine Sünden
hat sein Blut hinweggetan.

Und mit tiefer Ruh im Herzen
geh ich hier durch Kampf und Leid;
ewge Ruhe find ich droben
in des Lammes Herrlichkeit.

Dort wird mein Auge Jesus sehen,
dessen Lieb mich hier erquickt,
dessen Treue mich geleitet,
dessen Gnad mich reich beglückt.

Der Schock hielt noch einige Zeit an. Wir konnten und wollten es einfach nicht glauben, daß der Tod meines Vaters Wirklichkeit war. Wir konnten es nicht verstehen, daß Gott dieses schreckliche Geschehen zugelassen hatte.

Beim Autofahren stiegen in mir lange Zeit noch Ängste auf.

Meine Mutter empfand den Verlust ihres Mannes in den Abendstunden besonders schmerzhaft.

Es vergingen schwere Wochen und Monate. Im Rückblick staune ich, wie meine Mutter gelernt hat, sich nicht zurückzuziehen oder bitter zu werden. Sie besuchte die Frau des betrunkenen Fahrers, die das Erlebnis nicht verkraften konnte und tröstete sie. Ihr Blick weitete sich für Menschen, die ihre Hilfe dankbar in Anspruch nahmen. Ihre Hände packten zu, wo Not herrschte. Ihre Ohren hörten zu, wo Trost und Zuspruch wie Balsam auf eine traurige Seele waren. Sie hat ihr Leben ganz neu in die Hand genommen und die von Gott geschenkte Liebe an andere Menschen weitergegeben.

Ich weiß, daß mein Erlöser lebt. (Hiob 19,25)

Margrit Frei

Nur wenn wir anerkennen,
daß auch ein grauenhaftes
Geschehen von Gott kommen kann,
bringen wir unsere Wirklichkeit
mit Gott in Verbindung.

Claus Westermann

7.
Trauern braucht Zeit

Mit 19 Jahren wurde ich zum ersten Mal in meinem Leben massiv mit Leid konfrontiert, als mein Vater durch einen Verkehrsunfall ums Leben kam. Dieser Unfall hat das Leben meiner Familie grundlegend verändert und unsere Zukunft beeinflußt und geprägt. Der Tod meines Vaters hat eine Veränderung meines Denkens nach sich gezogen. Im Blick auf viele Dinge stellte ich mir die Frage: Was zählen sie angesichts der Ewigkeit? Wofür lohnt es sich wirklich zu leben? In gewissem Sinn könnte ich sagen: Durch diese Leiderfahrung hat Gott mein Leben mehr in die Tiefe geführt, weg von mancher Leichtfertigkeit oder Oberflächlichkeit.

Das Thema ist ein sehr weites Thema. Die Leiderfahrungen in dieser Welt sind sehr vielfältig: angefangen von plötzlichen Krankheiten, chronischen Leiden, einer eigenen Behinderung, einem behinderten Kind oder einem Unfall, der das Leben verändert. Zu Leiderfahrungen gehören aber auch das Leiden unter dem Temperament oder Charakter eines nahestehenden Menschen oder das Leiden unter der eigenen Art, Leiden an Erfahrungen oder Erinnerungen einer schweren Kindheit, das Leiden an Trennungserfahrungen wie z. B. eine Scheidung bei nahestehenden Menschen, bei den eigenen Eltern oder bei sich selbst. Und wohl die schlimmste von allen Leiderfahrungen ist der Tod eines geliebten Menschen.

Jeder erlebt und verarbeitet Trauer anders. Bei manchen Menschen verläuft sie in den nachstehend genannten Phasen, bei anderen kommen die Phasen so deutlich nicht in der dargestellten Form vor. Aber viele Trauernde erleben ähnliche Dinge und machen die Erfahrung, daß richtiges Trauern harter Arbeit gleichkommt. Man braucht den Willen, um das Geschehen zu verarbeiten, und man braucht viel Kraft dafür. Darum spricht man an dieser Stelle auch gern von Trauer-Arbeit.

Wie verhält sich ein Mensch »normalerweise« in solchen Situationen? Vieles an Verhaltensmustern oder Reaktionen ist für andere Menschen, die im alltäglichen Leben stehen, gar nicht verständlich und wird oft als überzogene Reaktion bewertet. Umgekehrt kann es auch sein, daß der oder die vom Leid Betroffene Dinge erlebt, bei denen er oder sie sich fragt: »Bin ich eigentlich noch normal?«

Darum soll die nachfolgende Beschreibung des Trauerprozesses dazu helfen, sich selber und andere besser zu verstehen, richtig trauern zu können oder das Trauern zu lernen.

Phasen des Trauerns

1. Die Phase des Schocks

Die erste Reaktion auf den Tod eines geliebten Menschen ist oft die eines Schocks. Diese erste Reaktion dauert bei manchen nur wenige Stunden an, bei anderen mehrere Tage.

Die Angehörigen sind meistens wie gelähmt, wollen oder können es nicht wahrhaben, nicht glauben, daß der geliebte Mensch nun tot ist. Es scheint zu unwahrscheinlich, daß er oder sie sich nie mehr bewegt, nie mehr spricht, nie mehr die Augen aufmacht, nie mehr jemanden anschaut, usw. In der Phase des Schocks können die Angehörigen sich häufig auch emotional nicht äußern und keine Gefühle zeigen.

2. Die Phase der Kontrolle

Die zweite Reaktion auf den Tod ist die Kontrolle über die eigenen Gefühlsreaktionen. Diese Phase dauert meistens nur über den Zeitraum der Beerdigungsvorbereitungen bis zur Beerdigung selber an. In dieser Zeit stehen die Angehörigen einerseits noch unter Schock, andererseits sind sie zu sehr mit der Organisation und der Vorbereitung der Beerdigung beschäftigt, so daß für die eigentliche Verarbeitung des Geschehens keine Kraft übrig bleibt. Persönlich erlebte ich diese Zeit so, daß andere Menschen mehr schockiert waren, den Verlust klarer sahen als wir als Familie. Auf wunderbare Weise erlebten wir die ganze Zeit der Vorbereitungen und der Beerdigung wie unter einem Schutzmantel. Die Konsequenzen des ganzen Geschehens waren uns noch gar nicht bewußt. Die Vorbereitungen und das Erleben der Beerdigung sind wie ein Gerüst, das die Seele des Trauernden festhält. Manche sagen: »Er oder sie war sehr gefaßt bei der Beerdigung.« Der oder die Betroffene spürt die Anteilnahme, das Getragensein, das Mittragen und Mitleiden der anderen. Auch die Dankbarkeit, daß man den Verstorbenen hatte, daß man ihn/sie gekannt hat, ist in dieser Zeit besonders bestimmend. All die positiven Erinnerungen und Erlebnisse stehen in der Regel eher im Vordergrund. Als Angehörige steht man in diesen Situationen im Interesse der Öffentlichkeit. Ähnlich wie bei einer Taufe oder einer Hochzeit sind die Angehörigen nun Hauptpersonen. Das verlangt viel Selbstkontrolle.

Die Beerdigung selber kann eine große Hilfe sein, um bestimmte Ankerpunkte für die eigene Seele zu entdecken, die dann auch in den kommenden Wochen und Monaten immer wieder Halt geben können. Was die Bibel im Blick auf Trauer, Leid und Tod aussagt, ist in diesen Momenten wichtig:

Trauer ist erlaubt, Trauer muß auch erlebt und erlitten werden, aber die Trauer hat auch eine Begrenzung. Gott will uns nicht im Chaos unserer Gefühle lassen, sondern uns Halt, Trost, Getragensein schenken. Unser Leben hier ist nicht das Wichtigste, hat nicht die oberste Priorität, die Vollendung unseres Lebens geschieht in der Ewigkeit. Ein Stück von dieser Freude und Vorfreude wird bei jeder Beerdigung durchklingen, wenn der Mensch, der zu Grab getragen wird, mit Christus gelebt hat.

Für mich persönlich war es das tröstlichste in dem ganzen schmerzhaften Erleben, meinen Vater bei Christus zu wissen, auch zu wissen, daß die Lieder, die an der Beerdigung gesungen wurden, von ihm persönlich gewünscht waren und eine Botschaft an uns, an meine Mutter, an uns Kinder und alle anderen Trauergäste darstellten. »Kein Aug' hat je gesehen, kein Ohr hat je gehört solche Freude, drum jauchzen wir und singen dir, das Halleluja für und für« – die Verse dieses Liedes gehörten dazu. Zwar war uns nicht nach Jauchzen zumute, ganz im Gegenteil, nicht einmal mitsingen konnten wir, aber ich wußte, daß mein Vater jetzt eine größere Freude erlebte als wir sie hier auf der Erde nur ahnen können.

Und auch der andere Gedanke, daß Leiden für Jesus nichts Fremdes ist. Er steht nicht abseits von unserem Leid. Seine Liebe zu uns ist so groß, daß er selber Leiden und Tod auf sich genommen hat, um uns von dem Leiden an unserer Schuld zu befreien, von dem Leiden an unserer Gottesferne. »Erscheine mir zum Schilde, zum Trost in meinem Tod, und laß mich sehn dein Bilde in deiner Kreuzesnot. Da will ich nach dir blicken, da will ich glaubensvoll dich fest an mein Herz drücken. Wer so stirbt, der stirbt wohl.« Auch dieses, eines der Lieblingslieder meines Vaters, wurde bei der Beerdigung gesungen und hat feste Ankerpunkte des Trostes in meiner Seele hinterlassen. Wenn wir im Leid sind und uns kein Mensch mehr versteht, dann ist immer noch einer da, der uns mit Sicherheit versteht und uns helfen will, uns tragen will und uns in den tiefsten Tiefen unseres Lebens begleiten will. Jeder, der ins Leid kommt, darf es wissen, daß jemand da ist, der die tiefsten Tiefen des Lebens und den Tod kennt und um all das weiß.

Auch der Gedanke kann hilfreich sein, daß das Leid nie das Letzte ist. Am Ende wird Gott alle Tränen abwischen, alle Fragen beantworten. Unser Leben wird dann einmal Erfüllung finden, Antwort auf die tiefsten Sehnsüchte und Fragen, die wir jetzt noch nicht lösen können.

Solche Worte und Verheißungen Gottes können Halt geben für die kommenden schweren Wochen und Monate, in denen der Verlust in den einzelnen Situationen, an den erinnerungsträchtigen Orten durchlitten wird.

Auch durch die Gemeinde und die Gemeinschaft mit anderen Christen will Gott uns Trost und Hilfe schenken, also durch Menschen, die mit uns gehen, ohne unsere Trauer durch billige Trostworte oder fromme Phrasen von sich zu weisen.

Das Geschehen der Beerdigung hat einen ähnlichen Charakter wie eine Taufe oder eine Hochzeit. Durch den öffentlichen Akt soll deutlich werden: Hier beginnt nun etwas Neues. Ein geliebter Mensch ist gegangen, die Hinterbliebenen sind von nun an auf sich gestellt, sie müssen ihr Leben ganz neu organisieren. Alles wird von nun an anders. Die Beerdigung macht damit auch deutlich, daß die Hinterbliebenen besonderen Schutz und Hilfe von denen brauchen, die beim Abschied dabei sind, die mittrauern und mitleiden.

Sie brauchen Begleiter, die echtes Interesse an ihnen zeigen und die bereit sind, ein Stück Weges mitzugehen, ein Teil des Leidens mitzutragen. Nicht so sehr, was sie sagen, sondern was sie tun, mit und für solche Menschen, ist entscheidend: Zeichen des Mitdenkens, Taten der Liebe, Wärme, miteinander reden und auch miteinander schweigen, körperliche Nähe, Fürsorge und Fürbitte.

3. Die Phase des Rückzugs

Nach der Beerdigung beginnt die eigentliche Verarbeitung der Trauer.

Bei uns ist es Tradition, sich ein halbes oder ein ganzes Jahr schwarz zu kleiden – ich denke, darin drückt sich eine tiefere Wahrheit aus. In der Regel braucht man beim Verlust des Ehepartners wohl mindestens 1 Jahr, um in gewisser Weise den Schmerz zu verarbeiten. Die Trauer selber dauert natürlich länger, die kann ein Leben lang anhalten. Die Dauer der Trauerphase hängt auch davon ab, wie intensiv und nah die Beziehung zu dem Verstorbenen war. Aber oft ist man nach einem Jahr an einem Punkt, an dem man sagen kann: »Es gibt wieder Dinge, über die ich mich freue.« Oder: »Ich habe wieder Hoffnung«, oder »Ich kann wieder nach vorne schauen, die Zukunft planen«, oder »Ich kann mir etwas vornehmen, das mir Freude macht.«

Zunächst aber kommt nach der Beerdigung oft erst der eigentliche Zusammenbruch der betroffenen Person: Der oder die Trauernde fühlt sich, als ob er mitgestorben wäre, fühlt sich apathisch. Alles ist zerbrochen, was dem normalen Leben Struktur, Inhalt, Sinn, Freude gegeben hat. Die Sterblichkeitsrate Verwitweter ist in dieser Phase besonders hoch. Und auch die Selbstmordgefährdung ist groß. Der oder die Trauernde hat das Gefühl, in einem tiefen Loch zu sitzen, in das von nirgendwo her oder auch nur von ganz weit her ein Licht hineinfällt. Die Frage, wozu und wofür es sich eigentlich noch zu leben lohnt, beschäftigt einen solchen Menschen ganz existentiell. Er oder sie zieht sich zurück von der Öffentlichkeit. Jede Begegnung mit anderen Menschen wird zu einer ungeheuren Kraftanstrengung – ob im Gottesdienst oder beim Einkaufen oder beim Spazierengehen. Jedes Angesprochen-Werden weckt wieder Erinnerungen an den Verstorbenen, was die Trauer nur noch verschlimmert, und man hat das Gefühl, daß man den Schmerz nicht aushalten kann, daß die Gefühle einen überrollen und fortschwemmen. Deshalb bleibt man lieber zu Hause. An diesem Punkt fangen oft schon die Mißverständnisse an. Aus der Gemeinde werden Vorhaltungen laut: »Du ziehst dich zu sehr zurück«, oder »Du brauchst doch die Gemeinschaft«, oder »Keiner kann Christ sein ohne Gemeinde«, oder »Du konzentrierst dich zu sehr auf deinen Schmerz – das ist egoistisch«, oder »Christen verlieren die Hoffnung nie.« Das alles ist wenig einfühlsam oder hilfreich.

Ich kann mich noch gut an die Zeit nach dem Tod meines Vaters erinnern. Meine Mutter war damals gemeinsam mit meinem Vater in vielerlei Aktivitäten der Gemeinde sehr beschäftigt. Nach dem Tod meines Vaters zog sie sich für ein halbes Jahr aus allen Aufgaben in der Öffentlichkeit zurück. Viele haben das damals nicht verstanden und sich ernsthaft Sorgen gemacht, ob sie »noch normal« ist. Doch wer es selbst erlebt hat, weiß, daß dieser Rückzug normal und notwendig ist. Es ist eine Zeit, die die Seele braucht, um mit diesem ganzen Umbruch und all den Veränderungen zurechtzukommen. Und es ist eine Zeit, in der Trauernde in höchster Weise aktiv sind. Sie leisten ganz schwere Arbeit: Trauerarbeit.

Diese Trauerarbeit besteht aus den vielfältigen Bemühungen der Seele, das Geschehen zu verarbeiten. Und das geschieht bei jedem Menschen anders:

Eine Form der Verarbeitung besteht darin, sich immer wieder zu *erinnern*, an die letzten Stunden, Tage, Wochen, die letzten Worte, den letzten Blick, den letzten wachen Moment. Aber dann auch darin, in Gedanken oder auch tatsächlich immer wieder Orte aufzusuchen, an denen man besondere Erlebnisse mit dem Verstorbenen hatte. Oder es gibt Menschen, die ein Erinnerungsalbum oder Tagebuch über die gemeinsame Zeit anlegen, oft Briefe von früher wieder lesen, Fotoalben anschauen und dabei in Gedanken zurückwandern. Oft sind diese Erinnerungen von starken Gefühlen begleitet – man muß dabei sehr viel weinen und kann oft nicht mehr aufhören. Oder man hat das Gefühl, der Verstorbene sei ganz nah. Man könne ihn oder sie fast körperlich spüren. Oder das Gefühl, daß man mit ihm oder ihr reden könne und er oder sie zur Türe hereinkommt und sich zu mir setzt, um mit mir zu reden. All das ist meist mit intensivem Schmerzerleben und mit Tränen verbunden und das ist gut und richtig so. Der Mensch braucht in dieser Zeit die Tränen zur Verarbeitung des Geschehens. Es gibt ein Sprichwort: »Augen, die geweint haben, sehen besser.« Dies drückt eine tiefe Wahrheit aus. Durch das Weinen, das Schmerzerleben, geschieht ein Verarbeiten in der Tiefe der Seele, das auch heilt und reinigt, das Gefühle jetzt und auch später weiterhin ermöglicht und nicht verbietet. Menschen, die sich das Weinen und das Trauern verbieten – oft aus einem falsch verstandenen Glauben heraus –, stehen in der Gefahr, zu oberflächlichen Menschen zu werden, zu unechten Menschen, denen gegenüber man sich nicht getraut, Trauriges oder Negatives zu sagen, weil es gleich in einem frommen Satz abgewendet wird. Menschen, die sich das Trauern oder Weinen nicht zugestehen, können auch zu euphorischen Menschen werden, die ihre eigentlichen Trauergefühle und seelischen Schmerzen in ihr Unterbewußtsein verdrängt haben und versuchen, nur die positiven Dinge des Lebens zu sehen. Aber irgendwann tritt das Verdrängte dann unkontrolliert und mit aller Macht in Form von Depressionen, tagelangen Weinkrämpfen oder in Form von Krankheit, Bitterkeit oder Haß gegen Gott hervor. Und dann kann man überhaupt nicht damit umgehen, weil man die Trauer-Arbeit der Seele vorher nicht zugelassen hat, weil man sich dagegen gewehrt hat, weil man stark im Glauben sein wollte.

Eine weitere Form der Verarbeitung besteht darin, *mit anderen Menschen zu reden* über den oder die Verstorbene(n). Gemeinsame Erlebnisse oder Gespräche wieder in die Erinnerung zu holen, sich darüber zu freuen und auch miteinander zu weinen. Wenn es gelingt, daß wir Menschen haben, die mit uns eine solche Trauerarbeit leisten, die bereit sind, diesen Weg mitzugehen, dann ist dies sicher eine ganz besonders wertvolle Hilfe. In der Regel wird aber der oder die Trauernde mit diesen Erinnerungen allein sein. Kaum einer ist heute bereit oder fähig, den Schmerz des anderen so an sich heranzulassen, denn das tut uns ja auch selber weh.

Wir sind sehr geschickt darin, Schmerzen zu vermeiden – körperlicher und seelischer Art.

Aber der Trauernde muß diesen Prozeß erleben, er muß da durch, um wieder in das alltägliche Leben zurückzufinden. Und wenn niemand diesen Weg mitgeht oder auch mitgehen kann, muß man eben alleine durch.

Darum sind Trauernde meistens auch sehr sehr einsame Menschen.

Wie gut, wenn man dann einen Halt in Gott hat, wenn man sich an ihm und seinem Wort orientieren kann. Wie gut, wenn man sich daran festhalten kann, daß Gott keinen Fehler macht, obgleich alle Gefühle dagegen sprechen. Beim Tod meines Vaters erlebte ich es als eine große Hilfe, wie meine Mutter mit uns Kindern darüber gesprochen hat, und daß wir den Tod meines Vaters jetzt so als Gottes Wille ansehen müßten.

Ganz wichtig in der Verarbeitung der Trauer ist es auch, *negative Gefühle zuzulassen.* Mein Vater kam damals um, als er auf einem Zebrastreifen von einem jungen Autofahrer überfahren wurde. Als Jugendliche war ich damals ganz schön wütend auf diesen Autofahrer. Es ist wichtig, auch solche negativen Gefühle der Wut oder der Vorwürfe zuzulassen und nicht zu unterdrükken. Solche Gefühle dürfen nicht verdrängt werden, sondern müssen in der Gegenwart Gottes geäußert werden. Aber sie dürfen dann auch bei Gott zur Ruhe kommen in den Antworten, die er uns dann ganz persönlich gibt.

Die Erinnerung und das Nacherleben der gemeinsamen Zeit und das gleichzeitige Weinen über den Verlust gehört zur Trauerarbeit der Seele dazu. Dabei geschehen ganz wichtige Dinge: Zum einen vergegenwärtigt man sich immer wieder den Tod des geliebten Menschen, man setzt den Tod in der Erinnerung in Beziehung zum gemeinsam Erlebten und kann dabei gleichzeitig Gefühle des Schmerzes zulassen. Dieses Zulassen von Gefühlen, von Trauer und Schmerz, das Weinen über den Verlust ist ein ganz wichtiger Moment in der Verarbeitung des Geschehens. Und zum anderen wird der Verstorbene in die eigene Seele integriert: Man denkt dankbar an die Zeit zurück, die man mit ihm hatte, man freut sich, daß man ein Stück Weges miteinander gehen konnte, und man kann auch kommende Erlebnisse, die einen an die frühere gemeinsame Zeit erinnern, zu dem Verstorbenen in Beziehung setzen. Dann sagt man: »Wenn er oder sie jetzt dabei wäre, dann würde er oder sie so und so handeln oder folgendes sagen.« Auch gehört oft das Gefühl dazu, nun nicht alleine zu entscheiden, sondern mit und für den Verstorbenen bestimmte Dinge zu tun oder zu entscheiden.

Auch an die negativen Seiten des Verstorbenen erinnert man sich wieder, ohne daß dabei Schuldgefühle aufkommen. Zu Beginn des Trauerprozesses denkt man normalerweise nur positiv über den Verstorbenen, in der Regel wird idealisiert und überhöht. Es heißt, er sei etwas besonderes gewesen, berufen zu höherem Dienst in der Ewigkeit bei Gott. An solche Äußerungen und Einschätzungen nach dem Tod meines Vaters kann ich mich noch gut erinnern – und dann kommt beinahe ein schlechtes Gewissen auf, wenn einem auch Fehler einfallen, die der Verstorbene gemacht hat. Gegen Ende des Trauerprozesses sieht man den Verstorbenen wieder realistischer, nüchterner, man kann abwägen, weiß, was gut und schön war an ihm, aber auch, wo er seine Schwachstellen und Grenzen hatte.

Die Rückzugs-Phase findet ihren Abschluß in der

4. Phase der Annahme

Die Trauer-Arbeit wurde geleistet, d.h. Schmerz und Tränen wurden zugelassen. Der Rückzug war hilfreich und heilsam, Erinnerungen sind nun bleibend, und ein dankbares Zurückschauen ist möglich, aber auch ein Loslassen, ein Gehenlassen des Verstorbenen.

So ganz allmählich lernt der oder die Trauernde, sich

wieder für andere zu öffnen, für die Umwelt, für Aufgaben in der Gemeinde. Der oder die Trauernde bekommt eine neue Perspektive für das eigene Leben, für das Alleinleben, für die Gestaltung der Zukunft.

Auch Freude an Gott kann wieder tiefer in das Erleben aufgenommen und auch an andere weitergegeben werden.

Hindernisse in der Verarbeitung der Trauer

Läßt der oder die Trauernde Gefühle und Schmerz, Tränen und Trauer nicht zu, dann wird auf Dauer ein Teil des Erlebens ausgeklammert: Alles, was mit Gefühlen zu tun hat, alles, was mit unlösbaren Fragen und den eher negativen Seiten des Lebens zu tun hat, wird aus dem Denken und dem Empfinden eher abgespalten. Menschen, die so mit ihren Leiderfahrungen umgehen, wirken auf andere oft wirklichkeitsfremd, unnahbar oder überfromm. Der Grund liegt in einer falschen Verarbeitung von Trauer. Die meisten dieser Hindernisse kommen zunächst einmal bei jedem Menschen im Laufe des Trauerprozesses vor, ohne daß daran etwas grundsätzlich Beunruhigendes zu sehen ist. Erst wenn sie sich verfestigen und zu einem regelrechten Verhaltensmuster werden, ist es bedenklich.

Ein Hindernis in der Verarbeitung wäre z. B. ein dauerndes *Schuldgefühl*. Schuldgefühle gehören sicher zunächst zu jedem Trauerprozeß dazu. Zum Beispiel das Gefühl, nicht genügend getan zu haben, um den Tod zu verhindern. In Gedanken spielt dann der oder die Trauernde die Situation vor dem Tod immer wieder durch und macht sich selber Vorwürfe. Etwa so: »Wenn ich dies oder das getan oder gesagt hätte, dann wäre das nicht passiert«, oder »wenn ich ihn noch fünf Minuten aufgehalten hätte ...«, oder »wenn wir uns für einen anderen Urlaubsort entschieden hätten ...«, oder »wenn wir einen anderen Arzt aufgesucht hätten ...« usw. usw. Mit solchen Gedanken kann man sich stunden- und tagelang beschäftigen und darin auch der eigentlichen Trauer-Arbeit ausweichen.

Solche Gedankenlabyrinthe helfen nicht weiter, sondern sie verhindern ebenso wie die Vorwürfe dem Verstorbenen gegenüber die eigentliche Trauerarbeit.

Hilfreich in solchen Situationen könnten zum Beispiel folgende Gedanken sein: Wir Menschen haben keine Macht über den Tag des Todes. Gott setzt Anfang und Ende und nicht wir Menschen. Mit unserem Sorgen und Planen können wir nicht eingreifen. Mit Selbstvorwürfen versuchen wir uns letztlich selber zu rechtfertigen oder unser Leben selber in den Griff zu bekommen. Wer sich selbst dauernd Vorwürfe macht, will Gottes Vergebung nicht in Anspruch nehmen. Das dauernde Kreisen um sich selber kann so zur Gewohnheit werden, daß man das Loslassen und die Vergebung Gottes als störenden Eingriff in den gewohnten negativen Gedankenzirkel auffaßt.

Schuldgefühle können aber auch dann auftreten, wenn man über etwas lachen kann oder sich an irgend etwas freut. Dann stellt sich das Gefühl ein, man hätte den Verstorbenen verraten. Man hat das Gefühl, nicht mehr genügend um ihn oder sie zu trauern, oder das Gefühl, daß man eigentlich gar nicht fröhlich sein *darf*, sondern traurig sein *muß*. Sonst könnte der Verstorbene oder andere Menschen um einen herum oder man selber am Ende gar denken, daß man gar nicht traurig ist, daß man den anderen gar nicht richtig geliebt hat.

Schuldgefühle können auch im Blick auf die Liebe, die zu geben man versäumt hat, auftreten. So vieles, was vorher Anlaß zum Streit oder Ärger war, relativiert sich durch den Tod. Man denkt: »Warum habe ich mich damals wegen solcher Kleinigkeiten überhaupt streiten können.« Und dann macht man sich Vorwürfe, daß man nicht mehr in der Versöhnung gelebt hat. Darum gehört zum Trauerprozeß auch, darüber nachzudenken, wo man sich etwas schuldig geblieben ist. Und es gehört dazu, zu solchen Momenten der Uneinigkeit oder des Streites zurückzugehen, um sich dann auch im nachhinein immer wieder der Vergebung Jesu bewußt und gewiß zu werden. Es kann sein, daß es hier der seelsorgerlichen Hilfe bedarf, nämlich Menschen, bei denen man die belastenden Erinnerungen noch einmal aussprechen und vor Gott legen und dann auch wirklich abgeben kann. Dies alles gehört zum normalen Trauerprozeß dazu.

Wenn dies nicht geschieht, sondern das Schuldgefühl dauerhaft bleibt, dann liegt eine Verhinderung der Trauerarbeit vor. Das Schuldgefühl schiebt sich vor den eigentlichen Verlustschmerz, die Verarbeitung kann nicht geschehen.

Ein weiteres Hindernis in der Verarbeitung wäre zum Beispiel: Wenn man dem Verstorbenen *Vorwürfe* macht, weil er gestorben ist, oder haßerfüllt gegen den Verstorbenen zu sein. Es kommen Gedanken auf wie: »Warum hast du mich allein gelassen, warum hast du mir das angetan!« Im ersten Moment des Schocks ist solch eine Reaktion durchaus normal. Als ich davon hörte, daß mein Vater von einem Auto überfahren worden war, bekam ich eine furchtbare Wut auf ihn, weil er gerade diesen Zebrastreifen überquert hatte. Mir war dieses Gefühl damals selber unerklärlich, ja geradezu fremd. Es war eine Form der Reaktion auf das Unfaßbare.

Wenn aber Wut oder Vorwürfe anhalten, brauchen wir Hilfe, denn diese Wut oder Vorwürfe hindern die Seele daran, echte Trauerarbeit zu leisten. Sie schieben sich wie eine Mauer vor die eigentlichen Gefühle, die aus der Tiefe der Seele herausbrechen wollen.

In dem Moment, in dem man den Verstorbenen loslassen und in die Hände Gottes hineinlegen kann, in dem Moment, in dem man der Wahrheit ins Auge schauen kann, daß der andere nicht mehr lebt und daß ihn keine Vorwürfe mehr zurückholen, kann es zu einer echten Trauerarbeit kommen.

Eine weitere Blockade in diesem Prozeß ist das dauerhafte *Nicht-wahr-haben-wollen* des Todes: Dann heißt es: »Er ist nur verreist – er kommt bald wieder.« Oder: »Ich weiß, daß mein Sohn tot ist, aber ich glaube es nicht. Es darf nicht wahr sein.« Dann wird das Zimmer des Verstorbenen immer so belassen, wie es war. Es gibt Menschen, die warten dauernd auf die Rückkehr.

Auch solche Erlebnisse sind zu Beginn des Trauerprozesses ganz normal. Jeder, der einen lieben Menschen verloren hat, kennt solche Reaktionen. Man versucht, das Geschehen in Gedanken oder in Träumen rückgängig zu machen.

Viele Menschen träumen in dieser Zeit sehr intensiv und auch irreal. In den Träumen malt man sich dann alles mögliche aus, nur um das Geschehen rückgängig zu machen. Als Jugendliche hatte ich damals in den verschiedensten Variationen Alpträume, die alle das gleiche Thema hatten: Mein Vater rief uns aus dem Grab heraus zu und bat uns, wir sollten ihn wieder herausholen, er sei gar nicht gestorben, das ganze sei alles ein Irrtum.

Dieses Nicht-wahr-haben-wollen oder -können ist am Anfang eine völlig normale Reaktion, sie darf aber nicht ein Dauerzustand werden.

Auch hier gilt wieder das gleiche wie bei den anderen Hindernissen in der Verarbeitung, daß ein dauerhaftes Leugnen des Todes sich vor die Verarbeitung des Schmerzes schiebt.

Für solche Menschen kann es eine große Hilfe sein, wenn andere mit ihnen behutsam über die Wirklichkeit des Todes reden und ihnen so helfen, der unausweichlichen Tatsache ins Auge zu sehen.

Es gibt noch weitere Hindernisse in der Verarbeitung der Trauer. Da ist z. B. die *Flucht.* Man flieht aus der Umgebung, wo einen alles an den Verstorbenen erinnern könnte. Entweder kann man das Zimmer nicht betreten oder nicht an Orte gehen, an denen einen alles an den anderen erinnert, die Fotos nicht anschauen, nicht über ihn reden usw. Bis hin zu einem fluchtartigen Verlassen der gewohnten Umgebung durch häufigen Urlaub oder Umzug in eine andere Gegend. Anfänglich kann das Meiden der gewohnten Umgebung eine durchaus normale Reaktion sein, die einem hilft, das Geschehen erst langsam an sich heranzulassen, so wie man es eben ertragen kann. Aber wenn es zu einem Dauerzustand wird oder Menschen umziehen und nie wieder an den heimatlichen Ort zurückgehen oder nie das Grab besuchen, dann braucht so ein Mensch Hilfe. Immer häufiger wird auch in unserem Land die anonyme Beerdigung praktiziert, d. h. der oder die Tote wird verbrannt und dann an einer anonymen Stelle beerdigt – innerhalb eines dafür reservierten Friedhofsgeländes. Niemand weiß dann, wo das Grab genau ist. Auch das ist ein Versuch, der Wahrheit des Todes auszuweichen und ihr zu entgehen.

Nur wer sich bewußt der Tatsache des Todes stellt und ihr ins Auge schaut, kann mit dem Geschehen so umgehen, daß es zu einer Integration des Todes und des Verlustes kommt. Für Menschen, die vor der Wahrheit des Todes fliehen, ist es eine große Hilfe, wenn sie andere Menschen haben, die sie begleiten, sie immer wieder an die Wahrheit heranführen und dann auch bereit sind, mit ihnen gemeinsam ihren Schmerz zu tragen.

Eine Form der Flucht kann auch die *Krankheit* sein. Das Geschehen des Todes ist für den Menschen so unerträglich, daß die Seele in die Krankheit ausweicht. Auf diese Weise ist der Trauernde selbst und auch seine Angehörigen gezwungen, sich mehr mit sich zu beschäftigen als mit dem Tod. Auch das kann zu einem Mechanismus werden, der sich wie ein Riegel vorschiebt, um sich nur ja nicht mit diesem schmerzvollen Geschehen auseinandersetzen zu müssen. Wenn die Flucht in ein körperliches Leiden zwanghafte Formen annimmt, sind besonders die Angehörigen oder andere nahe Menschen gefordert, dem Kranken die Rolle des Kranken zu verwehren. Das heißt, daß sie ihn oder sie nicht zu sehr in seiner Krankheit beachten dürfen. Vor allem darf die Krankheit nicht ein Mittel für den Kranken werden, sich Zuwendung, Anerkennung oder Aufmerksamkeit zu erwerben.

Zwei letzte Hindernisse in der Verarbeitung der Trauer will ich noch nennen: da ist zum einen das *Selbstmitleid.* Es gibt Menschen, die das Leid und die eigene Trauer oder auch die Trauer der anderen Menschen dazu benützen, sich selber durch Selbstmitleid in den Mittelpunkt zu setzen. Vor allem am Anfang des Trauerprozesses, wo alle Menschen einem mit Mitleid oder mit Neugier begegnen, könnte es sich zu einem Mechanismus entwickeln, sich selbst wichtig zu machen. Es gab Phasen in meiner damaligen Trauerverarbeitung, in der ich mich selbst mehr bedauerte, als daß ich um meinen Vater trauerte. Wenn ich weinte, war es manchmal mehr aus Selbstmitleid als aus Verlustschmerz. Das Gefühl, nun eine Halbwaise zu sein, hatte auch etwas erhebendes, schauernd-dramatisches an sich. Es war ein Gefühl der Selbstbemitleidung, das auch ganz angenehm sein konnte, weil es einem eine gewisse Besonderheit und damit auch eine gewisse Wichtigkeit vermittelte.

Aus dem Selbstmitleid kann sich auch eine Form der *Dauerdepression* entwickeln. Das dankbare Rückblicken, vorsichtige Vorausschauen, Planen der Zukunft kann nicht geschehen, sondern der Trauernde bleibt in diesem Zustand, in dem die Trauer dann eine Eigendynamik entwickelt. Bestimmte Erinnerungen lösen dann immer wieder eine Fixierung auf einen selbst und die eigenen negativen Gefühle aus.

In Gedanken spielt sich etwa folgendes Muster ab: »Ich bin ein so armer Mensch, daß ich das alles erleiden und erleben muß. Warum straft mich Gott damit?« oder »Warum läßt Gott das zu?« Bis hin zu dem Gefühl, nichts wert zu sein. »Wenn Gott mir so etwas geschehen läßt, dann kann ich ihm nicht sehr wichtig sein. Gott hat mich vergessen.« Auch dieses Gefühl kann am Anfang durchaus normal sein, das erleben viele Menschen so – bis hin zu einem tiefen Zweifel an Gottes Liebe oder an seiner Existenz: »Warum läßt Gott das überhaupt zu? Ist er wirklich ein Gott der Liebe? Sind ihm andere Menschen nicht viel wichtiger?« oder »Gibt es Gott überhaupt? Oder sind wir Spielbälle eines blinden und willkürlichen Schicksals?«

Gerade in solchen Situationen sind Menschen, die seelsorgerlich begleiten, sehr wichtig. Es sind Menschen, die mit dem anderen glauben und hoffen, die den anderen immer wieder auf die Liebe Jesu ausrichten, die aber auch helfen, daß der andere mit den Gefühlen der Trauer richtig umgeht, daß er dem Schmerz wirklich ins Gesicht sieht und dann mit diesem Schmerz in die Gegenwart Gottes tritt.

Ein Mensch, der in der Depression stecken bleibt, hat meistens gar nicht richtig getrauert, sondern die Wahrheit über die schmerzhaften Gefühle immer verdrängt, den Verlust nie in seiner ganzen Entsetzlichkeit an sich herangelassen, sondern oft vorschnell fromme Worte vorgeschoben, um zu zeigen »was für ein guter Christ er ist«. Vielleicht mußte er sich selber oder anderen seinen Glauben und seine Standhaftigkeit in solchen schweren Anfechtungen beweisen. Zutiefst aber steckt dahinter die Angst, Angst vor dem wahren Schmerz, Angst davor, ehrlich zu werden vor sich selber und vor Gott und vor anderen Menschen.

Appelle an den Willen, Aufmunterungen oder Trost helfen solchen Menschen meistens nicht.

Ein Mensch, der so in der Depression sitzt, braucht andere, die ihm helfen, über seinen Gefühlen der

Trauer, aber auch der Wut, der Enttäuschung ehrlich zu werden. Er braucht Menschen, die ihm helfen, daß erst mal Trauerarbeit möglich wird, und dann ihm auch helfen zu entdecken, wo er seinen Wert, seine Gaben hat, wo er liebenswert ist und wo er gebraucht wird.

Abschließende Gedanken:

Abschließend möchte ich zusammenfassen: Zeiten des Leids haben ihren tiefen Sinn für uns Menschen, doch diesen Sinn können wir von außen zu selten erfassen. Oft ist es ein Reden Gottes in unser Leben hinein, um uns abhängiger von Ihm zu machen, um uns tiefer an Jesus zu binden, um uns fester in unserem Glauben zu gründen und um unser Leben neu auf das hin zu prüfen, was wirklich lebenswert ist und was nicht.

Echten Trost erleben wir Menschen nur in der Gemeinschaft mit Gott, in dem Gehaltensein von ihm. Aber wir brauchen auch Wegbegleiter, die uns dazu helfen. Wer selber durch Leid gegangen ist, hat ein tieferes Verständnis für andere Menschen, die leiden und trauern.

Geleistete Trauerarbeit macht uns sensibel für andere Menschen im Leid, macht uns auch lebensfähig und sterbefähig. Wer gelernt hat, dem Tod ins Auge zu sehen, der kann auch das Leben anders leben – mit neuen Prioritäten und Werten –, und der kann dem Sterben anderer Menschen und auch dem eigenen Sterben anders gegenübertreten. Leben lernen bedeutet zu lernen »mit Christus zu sterben«, meint Christus ähnlicher werden, und meint damit zugleich auch loslassen können – uns selbst, andere Menschen, unseren Besitz, Pläne und Wünsche. »Wer im Leben gelernt hat, mit

Christus zu sterben, der kann im Sterben mit Christus leben« (Paul Schütz). Die Liebe zu Christus und das Vertrauen in Gott sind es, die uns zur Bejahung unseres Todes hinführen und die uns dann auch fähig machen, unser Leben in die Hand Gottes hinein loszulassen.

Cornelia Mack

Gebet der Trauernden

Schenke mir, oh Herr, Menschen,
die mir jetzt nicht ausweichen.
Dankbar bin ich für jeden,
der mir einmal zulächelt
und mir seine Hand reicht,
wenn ich mich verlassen fühle.

Hoffnung geben mir die,
die mich immer noch besuchen,
obwohl sie Angst haben,
etwas Falsches zu sagen.

Dankbar bin ich für alle,
die mir erlauben,
von dem Verstorbenen zu sprechen.
Ich möchte meine Erinnerungen
nicht totschweigen.
Ich suche Menschen,
denen ich mitteilen kann,
was mich bewegt.

Erleichterung bringen mir alle,
die mir zuhören,
auch wenn das,
was ich zu sagen habe,
sehr schwer zu ertragen ist.

Gesegnet seien alle,
die mich nicht ändern wollen,
sondern geduldig so annehmen,
wie ich jetzt bin.

Wegbegleiter sind alle,
die mich trösten
und mir zusichern,
daß Gott mich nicht verlassen hat.

Oh Herr, berge Du uns alle
in Deiner Hand; nimm Du Dich unserer an.
Bei Dir bleiben wir –
ganz gleich, ob wir noch leben
oder schon gestorben sind.

Marie-Luise Wölfing

8.
Der Weg geht weiter

Gespräch mit einer Betroffenen

Frage: Im Laufe unserer Kindheit und Jugendzeit können sich Wünsche und Vorstellungen für unser Leben entwickeln, die ganz plötzlich durchkreuzt werden und uns vor neue Herausforderungen stellen. Vieles ist in unserem Leben planbar, dennoch können Ereignisse eintreten, die nicht in unserer Hand stehen.

Frau Schumacher, als Sie heirateten und Ihre Tochter knapp zwei Jahre alt war, starb Ihr Mann. Das war ein gewaltiger, schmerzhafter Einschnitt.

Lydia Schumacher-Kalb: Ja, das kann man schon sagen. Wir waren verhältnismäßig kurz verheiratet als deutlich wurde, daß eine unheilbare Krankheit nicht mehr aufzuhalten war.

Es war nicht leicht, sozusagen die »andere Hälfte« hergeben zu müssen und dies, nachdem wir bereits eine kleine Tochter hatten. Es wäre nur noch eine kurze Zeit gewesen, bis mein Mann sein Berufsziel erreicht hätte.

Nun die Tatsache: Ich bin allein mit Kind! Alle Pläne und Hoffnungen mußten begraben werden.

Konnte das der Wille Gottes sein, nachdem wir unseren Ehebund doch ganz bewußt mit Ihm begonnen hatten?

Mein Verstand schien stillzustehen. Eigentlich war ich gar nicht in der Lage, über Vergangenheit und Zukunft nachzudenken. Ich fühlte mich so, als wenn ich mich nur auf einer Stelle bewegen würde.

Das einzige, was mich antrieb, waren die Anforderungen meines Kindes. Ich besorgte es sozusagen routinemäßig. Alle sonstigen Motivationen waren wie tot.

Still konnte ich auch darüber sein, daß ich mein Äußerstes dafür gab, um in den letzten schweren Tagen und Wochen dabeigewesen zu sein. Auch die vielen Gespräche und Gebete, die wir miteinander führten, waren so tröstlich bis hin zum Abschiednehmen.

Bewußt wurde mir dabei eigentlich erst das Besondere, wenn Christen aus diesem Leben scheiden, daß wir eine Hoffnung haben. Das hat mich weit über Worte hinaus getröstet.

Und doch waren Gedanken wie:

War es wirklich von Gott gewollt, daß ich diesen Mann heiratete?
Warum haben wir dann gleich ein Kind bekommen, das jetzt ohne Vater ist?
Warum tat Gott kein Wunder? In der Bibel haben wir doch davon viele Beispiele.
Wer sorgt jetzt für den ganz normalen Lebensunterhalt?

nicht aufzuhalten; oder die verzweifelte Frage: Habe ich dieses Schicksal verdient?

Fragen über Fragen purzelten in meiner Gedankenwelt durcheinander.

Doch ich war in diesem Zustand nicht fähig, irgend etwas zu ordnen bzw. zu unternehmen.

Ich konnte Gott und die Welt nicht mehr verstehen. So lebte ich vor mich hin bzw. ich wurde gelebt. Mit der Zukunft konnte ich nicht viel anfangen.

Frage: Nach dem Tod Ihres Mannes, während des ganzen Trauerprozesses stand nun die Tatsache wie ein Berg vor Ihren Augen:

Ich bin allein – ohne Mann.

Ich bin alleinerziehend – ohne Vater für mein Kind.

Wie soll es weitergehen!?

Lydia Schumacher-Kalb: Ohne Mann – mit Kind. Ich mußte mir Gedanken machen. Dabei verging über ein halbes Jahr. Wie ich diese Zeit durchstand, ist mir eigentlich bis heute ein Rätsel und Wunder. Aber steht nicht in der Bibel das Wort, daß Gott für Waisen und Witwen sorgt?

So habe ich es mit meiner Tochter am eigenen Leibe erfahren. Wir kamen durch.

Doch irgendwann mußte ich Konsequenzen ziehen.

Obwohl ich als »nur Hausfrau und Mutter« gut ausgefüllt war und eigentlich vorerst nicht mehr unbedingt in meinen Beruf zurück wollte, mußte ich mich mit diesem Gedanken wieder beschäftigen. Das war hart.

Sicher kamen dann im Laufe der Zeit viele Höhen und Tiefen. Z. B. Entscheidungen bei der Erziehung. Wo sind die Grenzen? Da ich zu mir selbst eine gewisse Härte haben mußte, lief ich Gefahr, dies auch auf mein Kind zu übertragen. Dabei waren mir meine Familie und auch gute Freunde eine große Hilfe. Ich habe es mir dann im Laufe der Zeit zur Aufgabe gemacht, immer wieder jemanden einzuladen. Das war für uns beide eine große Bereicherung, und wir fühlten uns nicht so alleine. Zudem war es für Kathrin , meine Tochter, sehr gewinnbringend. Sie war kontaktfreudig und war nicht nur auf mich fixiert. Dies konnte ich mit der Zeit feststellen und empfand es als positiv. Ich legte auch Wert auf Kontakte zu anderen Familien mit Kindern. So entstanden Verbindungen und Beziehungen, die bis heute bestehen.

Frage: Die Konsequenz, doch wieder beruflich tätig zu sein, blieb wohl nicht aus. Wie haben Sie die Doppelbelastung als Alleinerziehende verkraftet?

Lydia Schumacher-Kalb: Für mich war die Umstellung, wieder in den Beruf zurückzugehen, eine große Überwindung. Irgendwie hatte ich dieses Thema für die nächsten Jahre abgeschlossen. Ich wollte doch für meine Familie da sein. Und ich hatte auch keinerlei Probleme, ich war ausgefüllt und zufrieden. Es gab so vieles, was mir Spaß machte.

Und jetzt – wieder arbeiten zu müssen – das wollte mir nicht passen. Innerlich sträubte ich mich dagegen, doch blieb mir eigentlich nichts anderes übrig. Ich mußte mich damit abfinden.

Wie ich schon am Anfang sagte, war es andererseits auch eine gute Aufgabe für mich. Ich wurde wieder gefordert, und meine Gedanken wurden abgelenkt. Dabei blieb aber nicht aus, daß ich begrenzt leben, d. h. Verzichte auf mich nehmen mußte. Andererseits war ich auch dankbar über die Möglichkeit, für unseren Lebensunterhalt aufkommen zu können. Natürlich durfte ich nicht auf andere sehen, auf Familien, die »komplett« und anscheinend in Ordnung waren. Ich mußte mich zu einem »Ja« durchbeißen. Das kostete viel Kraft.

Besonders lernte ich in dieser Zeit ganz neu mein Elternhaus schätzen. Es war für uns die Anlaufstelle. Wir konnten dort Rat und Tat einholen. Für Kathrin war es gleichzeitig wie ein Zuhause.

Eine weitere Bereicherung waren mir gute Freunde

und Bekannte. Sie waren letzten Endes auch immer die Initiatoren dafür, gemeinsam etwas zu unternehmen. Sicher mußten immer wieder Hemmungen und Minderwertigkeitsgefühle abgebaut werden, denn das Gefühl des Alleingelassenseins überkam mich des öfteren.

So bekam ich im Laufe der Jahre langsam wieder den Kontakt zu meiner Umwelt. Allerdings veränderte sich meine ganze Persönlichkeit. Ich fühlte mich anders.

Mit der Zeit durfte ich auch die positive Entwicklung meines Kindes sehen. Auch sie bekam durch Freunde das Entbehren von Geschwistern ein Stück weit ersetzt.

Frage: Mittlerweile sind Sie wieder verheiratet. Eine neue Lebensgemeinschaft mit einem ganz neuen Menschen, ein Kind in der Pubertät, das sind Herausforderung und Chance zugleich.

Lydia Schumacher-Kalb: Mit dem Gedanken ›Wiederheirat‹ konnte ich lange nichts anfangen.

Ich war eine Mutter mit einem Kind – inzwischen schon halbwüchsig – wer hatte daran schon Interesse? Das kann doch nur Probleme geben. Womöglich bekommt mein Kind dann einen Knacks und das Verhalten ist gestört. Durch solche und ähnliche Überlegungen tendierte ich eher zum Alleinebleiben.

Natürlich tauchten in meiner Gedankenwelt auch Fragen auf wie:

Was hat das Ganze eigentlich für einen Sinn?
Wozu unsere große Wohnung?

Irgendwann in den vergangenen Jahren wurde mir einmal das Bibelwort so hilfreich: »Dennoch bleibe ich stets an dir; denn du hältst mich bei meiner rechten Hand, du leitest mich nach deinem Rat ...« (Psalm 73,23)

Unterstreichen möchte ich das *Dennoch!* Trotz allem Nichtverstehen wollte ich doch bei Gott und seiner Sache bleiben. Logisch und menschlich verständlich war es für mich nicht. Doch sagt uns Gottes Wort auch: »... Meine Gedanken sind nicht eure Gedanken ...« (Jesaja 55,8)

Und: »Wir wissen aber, daß denen, die Gott lieben, alle Dinge zum Besten dienen ...« (Römer 8,28)

Daran wollte ich mich festhalten, und ich vertraute darauf, daß Er, der Herr, keine Fehler macht.

Eine ganz neue und unerwartete Begebenheit kam auf mich zu: Ich wurde von meinem jetzigen Ehemann angesprochen. Er wollte mich heiraten.

Mein erster Gedanke war gleich: Und was sagt mein Kind?

Nach einem kurzen Kennenlernen wagte ich es, ihn mit ihr bekanntzumachen. Diese Erfahrung war für mich interessant. Beide hatten gleich eine Offenheit und Liebe zueinander, und ich konnte eigentlich nur staunen.

Für meine Tochter war es vom ersten Augenblick an überhaupt kein Thema. Sie akzeptierte ihren »neuen« Papa.

Jetzt fühlte sie sich ihren Freunden und Schulkameraden gegenüber gleichwertig. So hatte sie es einmal geäußert. Ein echtes Geschenk des Himmels!

Für mich war es von nun an klar, daß wir zusammengehörten. Es wurde also doch wahr: Wir wurden wieder eine Familie!

Gewiß hatten wir beide eine unterschiedliche Vergangenheit. Doch das eine verbindet uns: Als gläubige Christen haben wir ein Fundament: Jesus Christus.

Er ist der Dritte in unserem Bunde, und mit Ihm können wir es wagen.

So gehören wir zusammen und sehen es als ein Geschenk, daß wir unseren Lebensweg gemeinsam gehen dürfen.

Uns ist es auch wichtig, daß wir Offenheit zu denen bewahren, die vielleicht ähnlich geführt werden oder die bis jetzt noch alleine sind. Das ganze ist auch eine Herausforderung, vor der wir uns nicht drücken möchten.

An unserem Wohnungseingang hängt ein Spruch mit folgenden Zeilen:

»Unser Haus ist offen für
Sonnenschein, Freunde und Gott.«

Das macht Freude, die wir von ganzem Herzen weitergeben möchten – auch in aller Schwachheit, aber echt!

Lydia Schumacher-Kalb

*Gott ist immer ein Gott der Überraschungen:
nicht nur in der Art, wie er mir hilft –
denn auch die Hilfe Gottes kommt ja ständig aus
ganz anderen Richtungen, als ich es vermute –,
sondern auch in der Art, wie er mir Aufgaben stellt
und Menschen über den Weg schickt.*

Helmut Thielicke

9.
Früher Abschied

Hätte man mich letztes Jahr gefragt, ob ich wisse, was Leid sei, ich hätte es bejaht. Als gelernte Krankenschwester kenne ich leidvolle Lebensschicksale und weiß um den Halt, den der Glaube geben kann. Auch litt ich selbst als Jugendliche jahrelang an einer starken Hautallergie, wobei ich oft an meine Grenzen kam. Ich war mir zwar sicher, daß Jesus mich liebt und weiß, was er mir zumuten kann; aber mir fehlte oft die Geduld, und ich wollte das Leiden nicht annehmen.

Seit fast drei Jahren bin ich verheiratet, und wir freuten uns sehr, als wir nach einem Jahr einen Sohn bekamen. Ich wuchs in die Aufgabe als Mutter hinein. Als ich ein Jahr später erfuhr, daß ich wieder schwanger war, konnte ich das von Herzen annehmen. Wir wollten auch gerne mehrere Kinder. Doch bereits im dritten Monat wurde bei der Ultraschalluntersuchung festgestellt, daß bei dem Kind etwas nicht in Ordnung war. Es lagerte unter der Haut Flüssigkeit ein. Dies könnte ein Hinweis auf eine Behinderung sein. Ich fiel aus allen Wolken, denn nach der ersten unkomplizierten Schwangerschaft und Geburt hatte ich mit so etwas nicht gerechnet.

Besonders belastete meinen Mann und mich, daß vom Arzt eine Fruchtwasserpunktion zur weiteren Abklärung der Ursache geplant wurde. Die logische Konsequenz bei der Feststellung einer Behinderung wäre dann der Schwangerschaftsabbruch. Total erschlagen verließen wir die Uniklinik, in der ein Spezialarzt eine weitere Ultraschalluntersuchung durchgeführt hatte. Auch hier hatte man wieder gesehen, daß etwas nicht stimmte. Doch noch auf dem Heimweg wußten mein Mann und ich, daß wir die Punktion ablehnen würden. So sagten wir nach viel Gebet und manchen Gesprächen ab. Die Ärzte akzeptierten es, auch wenn sie es nicht verstanden. Wir schilderten unsere Situation auch einigen Verwandten und Freunden, die für uns beteten. Das ermutigte uns sehr. So setzten wir uns stark mit dem Gedanken auseinander, daß das Kind wohl nur kurz leben oder aber stark behindert sein würde. Doch zwei Monate später war sich die Ärztin bei einer Kontrolluntersuchung sicher, daß das Kind wohl noch während der Schwangerschaft sterben würde. Da begann für uns der Prozeß des Abschiednehmens. Ich wollte es akzeptieren, doch genauso hoffte ich auf ein Wunder. Das Kind ist ein Geschenk Gottes, es ist und bleibt in seiner Hand. Ich dachte viel nach und betete. Muß ich das Kind schon wieder loslassen, bevor ich es in den Armen halte? Es fiel mir schwer, zumal ich für unseren Sohn recht bald ein Geschwisterchen wünschte. Mich tröstete das Wissen um Gottes Plan, in den ich nicht hineinpfuschen wollte.

Er schenkte Kraft, um die Spannung in der Wartezeit zu ertragen. Wir wußten, daß das Kind nicht bis zum Geburtstermin leben würde. Und so war es für mich sehr spannungsgeladen, wenn andere dachten, ich sei in »froher Erwartung«, ich jedoch bereits innerlich Abschied nehmen mußte.

Inzwischen waren wir umgezogen, und ich ging zum ersten Mal zum neuen Arzt. Meine Mutter sprang als Babysitter ein, um nach unserem Sohn zu sehen; so konnten wir ungestört ohne unser »Quecksilber« diesen Arzttermin wahrnehmen. Wie ein Schock traf mich dann die Feststellung des Arztes, das Kind sei bereits gestorben. So bald hatte ich nicht damit gerechnet. Erst seit drei Wochen wußten wir, daß es für das ungeborene Kind keine Hoffnung gab.

Wir können nur staunen, wie Gott alles lenkte. Meine Mutter nahm unseren Sohn gleich mit zu sich, so konnte ich beruhigt ins Krankenhaus. Mein Mann nahm sich frei und konnte mich oft besuchen.

Die Zeit des Wartens mit wehenfördernden Mitteln wurde mit jedem Tag schwerer. Da halfen mir mein Wissen um Jesu Nähe sowie Telefonate von Menschen, die mittrugen. Sehr froh war ich, als sich der Arzt am fünften Tag abends entschloß, das Kind unter Narkose zu holen. Anschließend erholte ich mich so rasch, daß ich zwei Tage später nach Hause durfte. Körperlich ging es mir gut, doch psychisch war ich ganz aus dem Gleichgewicht geraten. Der nächste Tag war für mich ein Ruhetag. Ich weinte viel und schrieb mir alle Gedanken von der Seele. Es war ein Brief an Gott. Langsam wich der Druck von mir. Ich spürte, daß ich Ruhe brauchte, andererseits hätte ich mich am liebsten in Aktivitäten gestürzt. Der Eindruck, nicht glauben zu können, war da; alles schien sinnlos und leer, doch tief innen wußte ich, Jesus hält mich.

Die Gebete der anderen waren mir eine große Hilfe, auch einzelne Bibelverse, die ich las, z. B. »Der Herr hat's gegeben, der Herr hat's genommen, der Name des Herrn sei gelobt.« (Hiob 1,21)

»Befiehl dem Herrn deine Wege und hoffe auf ihn, er wird's wohl machen.« (Psalm 37,5)

»Gott hat alle deine Wege in seiner Hand.« (Daniel 5,23)

Ich bin froh, daß viele den Mut hatten, auf mich zuzugehen, mit mir zu reden und zu schreiben. Jedes Zeichen der Anteilnahme war wohltuend. Ich staune, wie Gott den Einzelnen half, sich so zu verhalten, wie es für mich gut war. Manch ein Brief kam, in dem der Schreiber nach Worten suchte – mir war es eine Hilfe.

Zu vielen Frauen in der Gemeinde vertieften sich die Beziehungen, sie hatten die Zeit meines Leids mitgetragen. Und nicht wenige sagten, daß sie mich verstünden, da sie Ähnliches erlebt hatten. Das half mir sehr, eine Art »Sinn« im Leid zu sehen.

So bin ich getröstet, auch wenn ich merke, daß die Wunde nur langsam heilt. Ich lernte mich selbst besser kennen und mußte Gott total vertrauen. Mit Menschen, die Leid erfuhren und denen ich begegne, kann ich jetzt besser mitempfinden.

Dagmar Widmann

Weil ich getragen werde,
kann ich tragen und ertragen.
Weil ich gehalten werde,
kann ich festhalten und durchhalten.

Kurt Scherer

10.

Gemeinsam das Leben neu anpacken

Inzwischen sind es mehr als sieben Jahre, seit mein Mann an einem schweren Herzinfarkt gestorben ist. An jenem Sonntagmorgen hatte er noch in der Kirche im Posaunenchor mitgeblasen, am selben Tag noch starb er.

Am darauffolgenden Montag stand im Losungsbüchlein – ich werde es wohl nie vergessen – :

»Ein Vater der Waisen und ein Helfer der Witwen ist Gott in seiner heiligen Wohnung, ein Gott, der die Einsamen nach Hause bringt.«

Psalm 68,6 + 7 a

»Laßt uns lieben, denn er hat uns zuerst geliebt.«

1. Johannes 4,19

Darunter stand noch ein Vers von Paul Toaspern:

»Du hältst uns fest umfangen, der sterbend um uns rang. All Sorgen, Last und Bangen – du wandelst sie in Dank – und lehrst uns dorthin gehen, wo Kummer um uns her, den Einsamen verstehen, das Leid, das ihm zu schwer.«

Als ich diese Worte las, wußte ich, das gilt meiner Familie, ja noch mehr, das gilt mir ganz persönlich! In all dem Schmerz wird Gott für uns sorgen und unsere Augen ganz neu öffnen.

In der darauffolgenden Trauerzeit wurde viel für mich gebetet. Schon nach wenigen Tagen besuchte ich eine Frau, deren Mann kurze Zeit zuvor gestorben war.

Wenn ich auf dem Friedhof das Grab meines Mannes aufsuchte, kam ich unwillkürlich ins Gespräch mit anderen betroffenen Frauen. So erzählte mir eine ältere Witfrau, wie schlimm für sie die Sonntage seien. Eine andere Witfrau erklärte mir, daß sie am Wochenende nicht aus dem Haus ginge, seit sie alleine sei. Alle diese Gespräche haben mich unheimlich betroffen gemacht und zum Nachdenken angeregt.

Schon seit vielen Jahren höre ich abends oft den Evangeliums-Rundfunk (MW 1467 kHz). In einer dieser Sendungen wurden verschiedene Gemeindekreise vorgestellt. Und da war einfach plötzlich der Gedanke: Einen Kreis für Witfrauen müßte es geben! Anfangs verwarf ich diese Idee wieder und kam dennoch nicht los von ihr. Wie hilfreich wäre es, eine solche Arbeit nicht alleine zu beginnen, sondern eine Mitstreiterin zur Seite gestellt zu wissen. Ich betete viel für diese Aufgabe, und tatsächlich – drei Jahre nach dem Tod meines Mannes wurde die Angelegenheit konkret:

Auf dem Pfarramt teilte ich unserem Gemeindepfarrer mein Anliegen mit. Mit dankbarem Einverständnis gab er mir die Adressen der Witfrauen aus den letzten drei Jahren.

Ich entwarf einen Einladungszettel. Jeweils am ersten Sonntag im Monat wollten wir uns bei mir zu Hause in gemütlicher Atmosphäre zwischen 15 und 18 Uhr treffen. Eine entspannte Kaffeerunde (zuckerkranke Frauen freuen sich über einen Diabetikerkuchen!), persönlicher Austausch und das Hören auf Gottes Wort sollten auf dem Programm stehen, insgesamt eine ermutigende Hilfestellung, um mit der Trauer und der Einsamkeit fertig zu werden.

Einen solchen Einladungszettel nahm ich jeweils zum ersten Hausbesuch mit, den ich erst einige Wochen nach dem Tod des verstorbenen Angehörigen – nachdem es bei den Frauen wieder ruhiger geworden war – durchführte. Da ich die Betroffenen meist nicht kannte, war es mir sehr wichtig, eine solche erste Begegnung im Gebet vorzubereiten. Ich stellte mich ihnen vor, daß ich auch Witfrau sei, und überreichte ihnen ein paar Blumen und das Büchlein »Gott tröstet« von Hannelore Risch. Erstaunlicherweise waren sie meist sehr offen und hatten das Bedürfnis, sich auszusprechen. Wie wichtig ist es doch in einer solchen Situation, Zeit zu haben und gut zuhören zu können. Recht viele Frauen ließen sich seither in den Witfrauenkreis einladen, der nun bereits seit über vier Jahren besteht. Mein Wohnzimmer würde inzwischen nicht mehr ausreichen, wenn nicht immer jemand krank oder aus familiären Gründen verhindert wäre.

Das Zusammenwachsen in der Hauskreisgemeinschaft hat schon so manche Hemmschwelle weggenommen, untereinander Freundschaft zu schließen, den Gottesdienst oder auch eine Gemeinschaftsstunde zu besuchen.

Mittlerweile ist die Gruppe aktiv geworden: Die Frauen wechseln sich mit dem Kuchenbacken ab und helfen mir beim Geschirrspülen. Gemeinsam opfern wir für eine konkrete Aufgabe in der Mission.

Nach einem Jahr – meist am Todestag des Verstorbenen – besuche ich die Frauen zu Hause, denn das sind sehr schwere Tage für sie. Ich komme zu ihnen mit

Blumen und einer Spruchkarte, und zwar auch zu denjenigen, die sich nicht zum Witfrauenkreis einladen ließen.

Viel Schönes darf man bei solchen Begegnungen erleben:

»…, daß Sie gerade heute kommen, wo mir der Tag so schwerfällt!«

»Hast du gewußt, daß gerade heute der Geburtstag von meinem verstorbenen Kind wäre?«

Oft komme ich ins Staunen, wie groß Gott mit seiner Güte und Barmherzigkeit ist und werde dadurch selber beschenkt. Der Blick von sich weg auf das Leid des Nächsten ist unheimlich wichtig und bewahrt vor Selbstmitleid.

So möchte ich weiterhin ganz Gott vertrauen, der Witwen und Waisen nicht im Stich läßt.

Irene Fröschle

Wenn Gott jede Träne trocknet,
dann sollten wir immer ein
zweites Taschentuch
dabei haben für den, der neben
uns weint.

Athanasius Wolff

11.
Leit(d)gedanken

*Nichts tut der Seele besser,
als jemandem seine Traurigkeit
abzunehmen.*

PAUL VERLAINE

*Trösten ist eine Kunst des
Herzens.
Sie besteht oft nur darin,
liebevoll zu schweigen und
schweigend mitzuleiden.*

OTTO VON LEIXNER

*Gott
streichelt deine Seele,
wenn er dir einen Freund schickt,
der in der Not mit dir ausharrt
und deine Ohnmacht mit dir teilt.*

Gebet

*Herr Jesus Christus,
wir danken dir, daß du in dieser
Welt eine Gemeinde gestiftet hast.
Du willst, daß wir füreinander da
sind und aufeinander achthaben.
Laß uns lernen, Belastungen
und Nöte zu tragen und zu überwinden.
Du willst, daß jeder Mensch deine
Liebe erfährt
durch Zuwendung und Hilfe,
durch Rat und Tat.
Hilf, daß wir immer wieder diesen
Auftrag wahrnehmen.*

BRUDERSCHAFT NAZARETH/BETHEL

12. Leben in Gesundheit und Krankheit

Ich beginne mit einem Text des Dichters Lothar Zenetti:

»Ich traf einen jungen Mann, kerngesund, modisch gekleidet, Sportwagen, und fragte beiläufig, wie er sich fühle. Was 'ne Frage, sagt er, beschissen!

Ich fragte, ein wenig verlegen, eine schwerbehinderte ältere Frau in ihrem Rollstuhl, wie es ihr gehe. Gut, sagte sie, es geht mir gut.

Da sieht man wieder, dachte ich bei mir, immer hat man mit den falschen Leuten Mitleid.«

Zenetti hat etwas gesehen, was den meisten Zeitgenossen ein Leben lang verborgen bleibt: Daß die Freude am Leben, an jedem neuen Tag, den Gott werden läßt, eben nicht abhängig ist von den Höchstwerten unserer Gesellschaft – Jugend, Leistung und Gesundheit.

Ein befreundeter Fabrikant sagte uns eines Tages: »Wenn ich wirklich werben will, muß das Wort Gesundheit in meiner Werbung vorkommen. Dann kaufen die Leute mein Produkt.«

Verkaufsargument Gesundheit

Nun, ich bin nicht mehr gesund. Das kann man wohl auch, wenn man einmal das 68ste Lebensjahr überschritten hat, nicht mehr erwarten. Nach dem Bescheid des

Versorgungsamts bin ich zu 90 % schwerbehindert und brauche ständig eine Begleitperson.

Wir haben gestern eine Aufstellung, eine Werteskala betrachtet, nach der Menschen von gesund bis schwer pflegebedürftig in Klassen eingeteilt wurden, Klassen, nach denen beurteilt werden sollte, ob sich der finanzielle Einsatz von ärztlicher Betreuung und Heilmittel kostenmäßig noch lohnt. Es ging dabei um den reinen Kosten-Nutzen-Effekt. Nach dieser Skala würde ich wohl bei 0 rangieren.

Diese Skala eröffnet erschreckende Zukunfts-Aussichten für die Alten und Kranken in unserer Gesellschaft.

Mein Mann betrachtet die Krankheit seiner Frau von einer anderen Seite. Er sagt: »Der Schrottwert sinkt, aber der Liebhaberwert steigt noch!«

Ich habe in den letzten 30 Jahren die Erfahrung gemacht, daß Krankheit und Leid ein Leben vertiefen, die Lebensfreude steigern und den Horizont erweitern können. Mir wurde das einmal deutlich am Beispiel eines Mannes, den seine schwere Krankheit total verwandelt hat.

Er beschreibt, wie er plötzlich von einem Herzinfarkt überrascht wurde. Hier ist sein Bericht:

»Ich jagte von einem Termin zum anderen, aber diesmal erreichte ich das Ziel meiner Reise nicht. Ein unbeschreiblicher Schmerz würgte mich plötzlich. Er preßte mich zusammen, als setzte sich ein Elefant auf meine Brust. Ich war plötzlich so hilflos wie noch nie in meinem Leben. Ich konnte nicht einmal die Stewardeß rufen. Mein Nachbar, ein Inder, gab das Signal. Dann war mir, als würde ich sterben.

In der Intensivstation wachte ich auf. Aber es dauerte lange, bis ich zu mir fand. Die Schwestern und Ärzte umsorgten mich vorbildlich, und doch konnten sie mir das Gefühl der Verlassenheit, des Alleinseins nicht nehmen.

Monate einer quälend langsamen Genesung folgten. Danach war mein Leben nicht mehr dasselbe wie vorher.

Ich habe vieles preisgeben müssen. Ich bin aus meiner beruflichen Bahn geworfen worden. Wenn ich es unter dem Gesichtspunkt bürgerlichen Fortkommens betrachte, dann finde ich auf der Habenseite nur Defizite, nur Verluste. Aber – ist Erfolg haben im Leben alles?

Ich habe die Erfahrung gemacht, daß der Sinn des Leidens nur durch das Erleben zu haben ist! Ich habe auf die Sinn-Frage keine Antwort gefunden. Aber dies ist mein persönlicher Ertrag:

Ich habe durchs eigene Betroffensein ein anderes Verhältnis zum Leid gewonnen. Nicht philosophisch, sondern in meinem Verhalten. Mir hat der Schlag, der meiner Gesundheit versetzt worden ist, eine neue Richtung gegeben, neue Räume eröffnet, neue Horizonte aufgetan. Er hat mich mit Menschen zusammengeführt, denen ich sonst nie begegnet wäre. Ich habe die Grenzen respektieren gelernt, die dem eigenen Können und Vermögen gesetzt sind. Inzwischen stehen ganz andere Verabredungen in meinem Kalender, an die ich früher nie im Traum gedacht hätte. Ein sehr nüchterner, geschäftlicher Anlaß führte mich zu einem Künstler.

Früher wäre ich – nach Erledigung des Geschäftlichen – einfach nach Hause gegangen. Wozu hätte ich mir mehr Zeit nehmen sollen, als unbedingt nötig? Aber ich bin einem Menschen und seinem Werk begegnet, und wir sind Freunde geworden ...«

Ich wiederhole nur einen Satz aus diesem Bericht: »Der Schlag, der meiner Gesundheit versetzt worden ist, hat meinem Leben eine neue Richtung gegeben, neue Horizonte eröffnet ...«

Leiden verändert die Wahrnehmung. Aber nur dann, wenn der Kranke ein *Ja* zu seiner Krankheit findet und zu der damit verbundenen Begrenzung und Veränderung seines Lebens.

Ich habe leider auch eine ganze Reihe von Menschen kennengelernt, die dieses Ja nicht gefunden haben. Es waren nicht wenige Christen darunter, die voll innerer Rebellion Gott anklagten: »Habe ich das von dir verdient, Herr, daß ich jetzt so ausgeschaltet bin – ich habe dir doch gedient seit meiner Jugend, habe mir nie etwas gegönnt, was die anderen sich selbstverständlich nahmen – ist das jetzt der Dank?« »Erst im Ja zum Willen Gottes verliert das Leiden seine Macht!« (M. Basilea Schlink).

Geheimnis des Leidens

Es steckt nämlich im Leiden ein Geheimnis verborgen, von dem unsere Eltern noch wußten. Wir können es wieder neu entdecken! Aber keiner kommt diesem Geheimnis näher, dem nicht selber ein Leid oder eine Krankheit richtig unter die Haut gegangen ist!

Ich möchte Ihnen erzählen, wie es mir im Januar 1987 erging: Ich hatte einen Termin in der Klinik in Worms zu einer Untersuchung mit Belastungs-EKG und war darauf eingestellt, am Nachmittag wieder zu Hause zu sein und mein Leben wie bisher weiterzuführen. Aber es kam anders. Ich mußte sofort stationär in die Klinik aufgenommen werden, weil die Gefahr eines akuten Infarktes bestand. Darauf war ich nun gar nicht vorbereitet.

Ich habe dort – und auch später in anderen Krankenhäusern – viel Fürsorge von Ärzten und Schwestern erfahren. Ich bin unendlich dankbar dafür, daß es – abgesehen von wenigen Ausnahmen – soviel ärztliches Können und Hilfsbereitschaft in unserem Land den Patienten gegenüber gibt.

Was mir aber sehr schwer geworden ist, das war die Tatsache, von einer Stunde in die andere aus allen Aktivitäten herausgenommen zu sein.

Aufforderungscharakter der Krankheit

Krankheit hat Aufforderungscharakter. Meine Krankheit war wie ein Anruf: »Laß doch endlich einmal deine ununterbrochene Geschäftigkeit los und fang an, darüber nachzudenken, daß auch dir und deinem Leben eine Grenze gesetzt ist. Du bist nicht unersetzlich.«

Ich kannte den Vers 12 aus Psalm 90: »Herr, lehre uns bedenken, daß wir sterben müssen, auf daß wir klug werden!« Ich wußte, daß der Blick auf das Ende unseres Lebens unsere Wahrnehmung wesentlich verändert. Aber zwischen Theorie und Praxis ist eben doch ein großer Unterschied. Zwischen dem, was wir als Christen wissen, und dem, was wir davon in unserem Leben umsetzen, klafft manchmal ein Abgrund!

Das sah so aus: Solange ich gesund war, habe ich das Leben in unserer Großfamilie aktiv mitgestaltet. Außerdem hatte ich das Gefühl, von meinem Mann und unseren fünf Kindern dringend gebraucht zu werden: und dieses Gefühl, unentbehrlich zu sein, gebraucht zu werden, vermittelte mir eine tiefe Befriedigung. Das alles fiel von einer Stunde auf die andere weg. Plötzlich war ich selber auf Hilfe angewiesen und konnte nicht einmal mehr unseren Haushalt versorgen.

Es sind zwei sehr unterschiedliche Dinge: Hilfe zu geben oder Hilfe annehmen zu müssen. Es hat mich einige Wochen und meinen Stolz gekostet, bis ich innerlich bereit war, ja zu der Tatsache zu sagen, daß ich für den Rest meines Lebens auf Hilfe angewiesen sein würde.

Krankheit und Leiden macht vieles von dem offenbar, was verborgen bleibt, solange es uns gut geht. Es macht z. B. auch die Einstellung unserer Mitmenschen zu uns sehr viel deutlicher.

Einstellungen der Mitmenschen

Eine Bekannte sagte mir gleich zu Anfang: »Krankheit ist immer die Folge einer Fehlhaltung. Denk einmal über diesen Satz nach, dann wirst du entdecken, wie falsch du bisher gelebt hast. Gib endlich die Großfamilie auf und fang an, dein eigenes Leben zu leben.«

Eine andere setzte sich an mein Bett und sagte: »Wenn du richtig glauben würdest, wärst du längst gesund. Gott will die Krankheit nicht.«

Aber den originellsten Anruf bekam ich von einer Freundin kurz vor meiner Herzoperation. Sie sagte wörtlich: »Du hast doch schon alles im Leben gehabt. Und jetzt willst du auch noch die Herzoperation. Ist das nicht ein bißchen viel?«

Im Gegensatz dazu war mir mein Mann eine ganz große Hilfe, gerade auch in der Zeit, in der ich mit meiner Krankheit noch gar nicht gut zurechtkam. Er sagte mir u. a.: »Irmel, du stirbst nicht an deiner Krankheit, du stirbst, wenn Gott es will!« Dieser Satz hat mir viele Ängste genommen.

Außerdem hat er mich – gerade zu den schwierigen Behandlungen – immer begleitet. Er hat dafür seine Arbeit einfach stehen und liegen gelassen, obwohl sie ihm wichtig war. Sie ahnen sicher, was das für einen Kranken bedeutet, der nicht weiß, ob er von einem Eingriff wieder zurückkommt.

Aber man lernt nicht nur seine Umgebung neu kennen, sondern auch sich selber – und was man da erkennt, ist nicht immer erfreulich. Ich habe z. B. nicht gewußt, wieviel mir meine eigene Aktivität und meine Mitarbeit in unserer Gemeinschaft bedeuteten.

Ich hatte mich auch für einen geduldigen Menschen gehalten. Das ist leicht, solange die eigene Geduld nicht strapaziert und auf eine harte Probe gestellt wird. Dann sieht die Sache wieder anders aus.

Lohnendes Gebet

Es gab aber auch positive Erfahrungen. Ich habe die reale Kraft der Fürbitte und die Gegenwart der himmlischen Welt gerade in den schlimmsten Tagen nach der Herzoperation hautnah erfahren. Meine Bypass-Operation war ja mit vielen Komplikationen verbunden. Damals war noch nicht bekannt, daß ich an einer Blutungskrankheit leide, dem sogenannten v. Willebrand-Jürgensen. Ich verdanke mein Leben nebst der Güte Gottes einem Schweizer Oberarzt, der es gewagt hat, meinen Brustkorb nach der Operation noch zwei weitere Male zu öffnen, weil sich die Lunge jedesmal wieder mit Blut zu füllen begann.

Die Gefahr, in der ich damals schwebte, habe ich selber kaum wahrgenommen. Ich bin richtig durchgetragen worden und fand mich geborgen in der Gewißheit der Gegenwart Gottes, und ich bin ganz sicher, das verdanke ich der Kraft der Fürbitte meiner Familie und vieler Freunde. Es lohnt sich, für andere zu beten!

Das ist auch eines der Geschenke aus der Zeit der Nierenoperation 1965 und der Herzoperation, daß mir die himmlische Welt ganz real geworden ist. Sie können in so einer schweren Krankheit Erfahrungen machen, wie wir sie sonst nur noch bei unserer Flucht aus Schlesien gemacht haben, als wir mit einer großen Familie monatelang unterwegs waren und nie wußten, wo wir am Abend unser Haupt hinlegen sollten. Da sind wir wirklich Engeln begegnet. Und eine ähnliche Erfahrung habe ich dann wieder gemacht bei diesen Operationen.

Zuversicht in Wartezeiten

Seitdem ist das 21. Kapitel aus der Offenbarung mein Lieblingskapitel; es beschreibt die goldene Stadt, das himmlische Jerusalem.

Man lernt in Zeiten der Krankheit das Wort Gottes noch einmal ganz anders schätzen, z. B. die Psalmen. Ich frage Sie einmal als Ärzte: Was tut ein Patient, wenn er ab 7 Uhr morgens für eine Dilatation der Herzkranzgefäße vorbereitet wird, und er muß elf Stunden, nämlich bis 18 Uhr, warten, bevor er endlich abgeholt wird, und dann steht er noch 1 ½ Stunden mit seinem Bett vor dem OP, weil ein Notfall dazwischengekommen ist? Das freie Gebet ist eine große Hilfe. Aber es trägt nur schwer durch so viele Stunden hindurch. Da sind die Psalmen, die man auswendig kann, und Paul-Gerhardt-Choräle ein unverlierbarer Schatz! Die kann man Stunde um Stunde still für sich beten und gewinnt daraus eine ungeheure Kraft und Zuversicht, um die Wartezeit zu überbrücken. Ich habe damals vor allem den 91. Psalm gebetet, der in meinem Elternhaus Jahr für Jahr in der Silvesternacht gemeinsam gelesen wurde.

»Wer unter dem Schirm des Höchsten sitzt und unter dem Schatten des Allmächtigen bleibt, der spricht zu dem Herrn: Meine Zuversicht und meine Burg, mein Gott, auf den ich hoffe …«

Und weil wir ihn in unserer Gemeinschaft auch noch auf eine ganz bestimmte Weise singen, ging er mir abwechselnd als Text und als Lied durch den Sinn.

Aber daß ich heute hier sein und zu Ihnen sprechen kann, das verdanke ich der Güte Gottes – und der modernen Medizin, d. h. dem unermüdlichen Einsatz der Ärzte und vor allem dem guten Zusammenspiel der Ärzte aus den verschiedenen Fachbereichen. Dafür bin ich von Herzen dankbar.

Aber es hat sich einiges zum Negativen verändert. Ich bin viel näher »ans Wasser gebaut«, wie man so sagt.

Und ich halte Kampf- und Streitgespräche, wie wir sie in der Offensive brauchen, gar nicht mehr so gut aus.

Mir ist aber auch aufgegangen, was das Wort aus dem Prediger Salomo bedeutet, der da schreibt: »Geh, iß mit Freuden dein Brot, und trinke deinen Wein mit fröhlichem Herzen, denn längst hat Gott dein Tun gesehen. Genieße das Leben alle Tage, die dir Gott unter der Sonne gegeben hat ...« (9,7 ff).

Glück im Alltag

Das heißt für mich: Das Glück liegt nicht *außerhalb* unserer vier Wände, wir müssen ihm nicht mühsam nachjagen: wir können es in unserem Alltag finden, am gedeckten Tisch, an dem wir uns sattessen dürfen – und im Zusammensein mit den Nächsten und Allernächsten.

Das Leben mit dem Ehepartner – d. h. mit dem Menschen, dem man manchmal so sehr auf die Nerven geht – hat sich verändert, seit wir die Erfahrung machen mußten, wie schnell wir einander verlieren könnten. Eine neue, viel bewußtere und viel tiefere Beziehung ist gewachsen.

Denken Sie nicht, daß wir uns vorher nicht gemocht hätten – aber es war immer selbstverständlich, daß der andere da war –, und wenn nicht, dann gab es leicht Ärger.

Jetzt ist es nicht mehr selbstverständlich zwischen uns, sondern jeder Tag, an dem wir uns noch haben, wird durch die bewußt gewordene Kostbarkeit des geliebten Menschen ein reicher Tag, der uns vergnügt und dankbar sein läßt.

Nötige Leidenszeiten?

Aber mußten wir dazu erst so schwere Krankheitszeiten erleben? Eigentlich hätten wir das doch auch ohne meine Krankheit erkennen können. Sind erst Leidenszeiten nötig, bis wir anfangen, so zu lieben?

Wir haben einmal mit unseren OJC-Mitarbeitern etwas erlebt, was uns auf diese Frage eine Antwort gegeben hat, eine unvergeßliche Abendmahlsfeier. Der Sohn eines Weinbauern hat sie uns gehalten. Er legte das Wort vom Weinstock und den Reben aus und sagte dabei den Satz:

»Ein Weinstock bringt nur dann gute Trauben, wenn ihm nichts anderes übrig bleibt, wenn er nichts anderes mehr kann. Seiner Natur nach würde er einen großen grünen Blätterwald produzieren mit winzigen, ungenießbaren Früchtchen, ohne Saft und Süßigkeit. Darum muß der Winzer in seinem Weinberg ständig am Werk sein, damit der Weinstock gute Früchte trägt! Er muß mit seinem Winzermesser die ›geilen Triebe‹, wie sie genannt werden, ausschneiden, damit der Saft in die Hauptreben fließt und die kostbaren Weintrauben wachsen läßt.« Und dann sagte er: »Ist das nicht bei uns Menschen genauso?«

Krankheit als Winzermesser

Krankheiten können von Gott wie ein Winzermesser eingesetzt werden. Bei mir war es so. – Und nachher habe ich mich nicht mehr in neue Aktivitäten gestürzt, sondern freue mich an jedem neuen Tag, der mir noch geschenkt wird.

In den schweren Wochen, als wir uns auf die Herzoperation in Genf vorbereiteten, haben mein Mann und ich jeden Abend miteinander ein Hingabegebet gesprochen, das wir von dem südafrikanischen Dichter und Christen Alan Paton gelernt hatten, und damit will ich schließen:

»Herr, gib mir die Gnade, in deinem Willen zu sterben.
Welcher Ort und was für Umstände mich auch erwarten – bereite mich auf sie vor.
Laß mich sterben als einer, der der Wahrheit treu geblieben ist, an die er glaubt.
Und dulde es nicht, daß ich aus Angst vor dem Tode dir untreu werde.
Herr, gib mir die Gnade, auch in deinem Willen zu leben.
Hilf mir, jede Furcht und jedes Verlangen zu meistern, das mich daran hindert, in deinem Willen zu leben.
Mache mich, o Herr, zum Werkzeug deines Friedens, im Angesicht deiner Ewigkeit.
In deine Hände befehle ich meinen Geist.«

Ich bin gewiß, damit kann man leben in gesunden und kranken Tagen, in dieser und auch in der künftigen Welt.

Irmela Hofmann

* Mit freundlicher Genehmigung aus dem Rundbrief der »Offensive junger Christen«: OJC-Heft Nr. 143, S. 50-54.

Das Evangelium ohne Leiden
gehört in den Himmel.
Das Leiden ohne Evangelium
gehört in die Hölle.
Das Evangelium mit Leiden
gehört auf die Erde.

Ernst Klein

Der gesunde Mensch ist krank,
wenn sein Blick haften bleibt
an den armen, vergänglichen
Dingen dieser Erde.
Der kranke Mensch ist gesund,
sobald er durch den Glauben
Zugang gefunden hat
zur ewigen Hoffnung.

Friedrich von Bodelschwingh

13.
Leit(d)gedanke

Christsein kann deshalb nicht darin aufgehen, Schmerz und Krankheit zu beseitigen, sondern muß auch dazu beitragen, diese zu ertragen, weil sie zu diesem Leben gehören.
Die Bereitschaft und Fähigkeit, Spannungen auszuhalten, stellt deshalb eine wichtige seelsorgerliche Zielsetzung dar.
Darüber hinaus wird darin auch die Ewigkeitsdimension deutlich. Der Blick auf das Heilsziel vermittelt Hoffnung, aus deren Kraft die gegenwärtigen Spannungen eher ertragen werden können.

Claus-Dieter Stoll

14.
Begrenztsein – eine Herausforderung

Herr, Du hast einen Plan für mein Leben; laß mich ihn erkennen. (Psalm 5,9)

Es war im Frühjahr 1959. Wir waren gerade eine Familie geworden und gleich darauf in die Großstadt umgezogen, wo mein Mann eine neue Arbeitsstelle in der Krankenpflegestation angenommen hatte. Unsere Flachdachwohnung im Stadtkern lag im zweiten Stockwerk und hatte als besonderes Extra freien Blick auf den Hinterhof. Ein Stockwerk tiefer befand sich ein Wohnheim für ledige Mütter, das der Stadtmission gehörte. Es wurde von zwei stillen älteren Diakonissen geleitet, die ich bald als liebe Schwestern kennen- und schätzen lernte.

Für das erste Weihnachtsfest unserer jungen Familie hatte ich aus Stroh eine Weihnachtskrippe gebastelt, weil uns das Geld fehlte, um eine schöne holzgeschnitzte Krippe käuflich zu erstehen. Beim Arbeiten mit dem einfachen Stroh wurde mir auf einmal so deutlich bewußt, in welcher Schlichtheit Jesus in unsere Welt gekommen war, wie primitiv er gelebt und wieviel menschlichem Elend er von Anfang an ausgesetzt war: Die Geburt im Stall, das Liegen auf Stroh, kurz darauf die unmenschliche Flucht nach Ägypten. Jesus sagte über sein eigenes Leben: »Der Menschensohn hat nichts, wo er sein Haupt hinlege« (Mt 8,20). Diese Strohkrippe von damals besitze ich immer noch, und sie erinnert mich bis heute daran: Von Geburt an war der Weg Jesu ein Leidensweg gewesen – sollte jemand, der ihm mit Ernst nachfolgen will, etwas anderes erwarten?

Aufgrund besonderer Umstände hatten wir uns kurz nach der Geburt unseres ersten Sohnes Martin entschlossen, das kranke Baby einer nahen Verwandten bei uns aufzunehmen. Die Krankheit, an der es litt, erforderte neben intensiver Pflege auch einiges an Nervenkraft. Mit unserem geringen Verdienst, der engen Hinterhofswohnung und dem Pflegekind war ich ziemlich ausgelastet. Eine große Stütze in dieser Zeit war mir meine Mutter, eine sehr mobile, tatkräftige Frau und zugleich eine Seele von Mensch und eine echte Seelsorgerin. Wie aus heiterem Himmel traf mich die Nachricht, daß sie bei einem Unfall in der Landwirtschaft schwer verletzt worden war und wenig Hoffnung auf ein Überleben bestand. Als sie einige Tage später im Alter von 58 Jahren starb, hatte ich das Gefühl, vor einer großen dunklen Wand zu stehen. Der Freude, sie in der Herrlichkeit zu wissen, stand die Ungewißheit, wie es nun weitergehen sollte, gegenüber, hatte ich doch nicht nur die Mutter, sondern auch eine echte Seelenfreundin verloren.

Doch noch war die Talsohle der schweren Prüfungszeit nicht erreicht.

Es begann mit einer harmlosen Halsentzündung. In deren Verlauf hatte ich jedoch mit einem Mal mit beständiger Atemnot zu kämpfen und konnte mich nur noch im Flüsterton verständigen – meine Stimme war weg. Nach eingehender Untersuchung stellte der Hals-Nasen-Ohrenarzt, den ich aufgesucht hatte, eine doppelte Stimmbandlähmung fest. Angesichts dieser niederschmetternden Diagnose war ich völlig entmutigt, doch zeigte der Arzt viel Geduld und Einfühlungsvermögen, verordnete Elektromassage, Aufbauspritzen und Ultraschallbehandlung, und so wuchs meine Hoffnung auf Besserung. Doch der Zustand verschlechterte sich zusehends. Auf den Rat guter Freunde hin wandte ich mich schließlich an eine bekannte HNO-Ärztin, doch eines Tages kam, was ich schon lange befürchtet hatte: der Operationsbescheid. In einem ausführlichen Behandlungsgespräch teilte mir die Ärztin mit, daß mit den angewandten Heilungsmethoden keine Besserung zu erwarten sei, und wies mich zur Einsetzung einer Trachealkanüle in die Heidelberger Uniklinik ein. Das bedeutete den endgültigen Verlust der Stimme, chronische Halsempfindlichkeit und im besten Fall ein lebenslanges Flüstern.

Mir war, als würde mir der Boden unter meinen Füßen entgleiten. Alle leisen Träume meiner Zukunft waren mit einem Mal zerplatzt wie Seifenblasen. Ich hatte immer gerne im Chor mitgesungen, zumal dies für mich, da ich kein Instrument erlernt hatte, die einzig mögliche Form des aktiven Musizierens war. Und das sollte nun nie mehr möglich sein? Und auch die große Familie, die mein Mann und ich uns wünschten, war völlig in Frage gestellt. Ganz zu schweigen von dem heimlich gehegten Wunsch, irgendwann einmal wieder in meinem geliebten Beruf als Krankenschwester arbeiten zu können. Die Zukunft und die Gegenwart, alles legte sich auf uns wie ein dichter Nebel, der nicht nur jeden festen Schritt unmöglich, sondern auch das Atmen schwer zu machen schien. Und da war die unaufhörlich unbarmherzig quälende Frage nach dem »Warum?«

und »Warum gerade ich?«. Ich suchte Zuflucht im Gebet und im Wort Gottes, doch das unmittelbar heilende Eingreifen Gottes blieb aus.

Die Kinder, noch kaum ein Jahr alt, kamen zu Verwandten in den Schwarzwald. Kurz vor der Abreise nach Heidelberg ging ich noch ans Telefon, um der Leiterin des Mutterwohnheims mitzuteilen, daß ich jetzt fahren würde. Wie ein kleines Wunder schien es mir, daß mich die Diakonisse trotz meiner leisen und lispelnden Stimme verstand. Und sie antwortet: »Ich kann verstehen, was diese Operation für Sie bedeutet. Ich leide mit Ihnen. Wir Schwestern werden Sie betend begleiten.«

Nach diesen Worten war es mir plötzlich leichter, und ich hatte die Kraft, den schweren Weg zu gehen und anzunehmen. Doch die Frage nach dem »Warum?« bohrte weiter.

Da ich wußte, daß wir in Heidelberg keine Bekannten hatten, die mich hätten besuchen können, hatte ich mir die Biographie von Johannes Busch zum Lesen mitgenommen, und war denn auch sehr froh an der Bibel und an dieser Lektüre. Durch das Lesen wurde ich auch über das unbegreifliche »Warum« getröstet. Ich las, wie Johannes Busch nach dem frühen Tod seiner Frau die Kraft bekam, die Beerdigungspredigt zu halten und andere zu trösten als jemand, der selbst durch den Trost Israels getröstet war. Und wie er am Ostermorgen mit seinen Kindern am Grab Auferstehungslieder blasen konnte und sie getröstet nach Hause gingen. Mir wurde klar: ich werde Gott nicht weiter mit meinen Fragen bestürmen. Ich schlug die Bibel auf, Psalm 5: »Herr, leite mich ... ebne vor mir deinen Weg« (Vers 9) – sollte ich es meinem Gott nicht zutrauen, daß er mir auch in dieser schwierigen Situation einen Weg ebnen würde? Diese vertrauensvolle Bitte des Psalmbeters ließ in mir wieder Hoffnung keimen.

Die äußere Situation in der Uniklinik bot zu solcher Hoffnung allerdings wenig Anlaß. Es handelte sich um einen alten Vorkriegsbau, und die triste Baulichkeit schien auch die Stimmung des Pflegepersonals zu bestimmen: Kühl und geschäftig versahen die Schwestern ihren Dienst, ohne eine Spur von Fürsorglichkeit und innerer Anteilnahme. Die Patientinnen fühlten sich schlicht ausgeliefert. Und ich bekam das Gefühl des Ausgeliefertseins schmerzhaft zu spüren. Obwohl ich ausdrücklich auf eine Heftpflasterallergie hingewiesen hatte, wurde der Wundverband gepflastert – eine vereiterte Brust mit unangenehm juckenden Schmerzen war die Folge.

Die Pflegestation bestand aus großen Sälen mit jeweils – heute kaum mehr vorstellbar – 16 Krankenbetten, was eine ständige Unruhe durch Kommen und Gehen von Besuchern mit sich brachte. Das tragische Schicksal einer Mitpatientin ist mir heute noch deutlich vor Augen: ein junges Mädchen mit Kehlkopfkrebs, die unter ihren körperlichen, aber vor allem psychischen Schmerzen immer wieder schreckliche Schreie ausstieß. Ihre Eltern kamen immer wieder zu Besuch, hatten aber statt tröstender Worte nur tiefe Vorwürfe für ihre Tochter: Ihre schreckliche Krankheit sei die Strafe Gottes, weil das Mädchen nicht – wie die Eltern es gewünscht hatten – ins Kloster gegangen sei. Gerade anhand dieses tragischen Mißbrauchs und dieser Fehlinterpretation göttlicher Führung wurde mir desto gewisser bewußt, daß der Gott der Bibel kein blind strafender Gott ist, sondern der Vater unseres Herrn Jesus, der seine Kinder in Liebe führt – auch auf manchen für uns zunächst unbegreiflichen Wegen.

Und unbegreiflich war mir dieser Weg, den Gott mich in diesen Tagen führen wollte. Am Abend vor der Operation befiel mich noch einmal die ganze Zukunftsangst: mit dem Verlust der Stimme als »behindert« zu gelten, kein normaler Mensch mehr zu sein, nicht mehr in der gewohnten Weise reagieren, mich nicht mehr lautstark wehren oder durchsetzen zu können.

Eine knappe Woche später befand ich mich auf dem Heimweg. Die Operation war zufriedenstellend verlaufen; da der Luftröhrenschnitt jedoch nicht vernäht werden konnte und jeder Redeversuch die Operationswunde belastete, war mir auf's strengste »Schweigen« verordnet worden. Aufgrund verschiedener Umstände konnte ich nicht abgeholt werden, und so stand ich nun mit meinem Köfferchen in der Bahnhofshalle von Heidelberg. Da beschlich mich wieder die Angst, denn wie sollte ich, ohne zu reden, eine Fahrkarte lösen? Ein kurzer Stoßseufzer: »Herr Jesus, hilf mir«, und mir kam der Gedanke, es wie Zacharias zu versuchen: Ich schrieb mein Reiseziel auf ein Blatt Papier und schob es durch den Schalter. Überrascht erhielt ich von dem freundlichen Beamten prompt und ohne Rückfragen die richtige Fahrkarte.

Noch in der Klinik hatte man mir gesagt: »Es wird ein Jahr dauern, bis Sie mit Hilfe einer Sprechkanüle wieder reden können.« Mit meinem Mann konnte ich mich nur mittels eines Schiefertäfelchens und einiger Gesten verständigen. Bald war ich wieder so weit bei

Kräften, daß wir unseren Sohn nach Hause holen konnten, doch auch mit ihm blieb bis auf weiteres nur die Verständigung durch Gesten und Mimik möglich. Zum Glück hatten wir nur zehn Minuten bis zum schönen Schloßpark, wo ich mit ihm große Spaziergänge machen und auf diese Weise die »sprachlose Zeit« überbrücken konnte. Noch heute ist es mir ein Wunder, wie er in seiner fröhlichen Art diese Zeit mit der insgesamt fast dreimonatigen Trennung von den Eltern verkraftet hat, ohne psychischen Schaden zu nehmen.

Weitere Kinder waren bei meinem Gesundheitszustand, der sich nur langsam besserte, laut ärztlichem Bescheid nicht zumutbar. Kaum ein halbes Jahr nach dem Auftreten der Stimmbandlähmung bildete sich aufgrund meiner fehlenden Abwehrkräfte ein Brustabszeß, der erneut eine Operation notwendig machte und erst nach größeren Komplikationen ausheilte. Körperlich war ich sehr geschwächt und konnte nur das Nötigste der anstehenden Haushaltsarbeit und nur mit jeweils großen Ruhepausen erledigen.

Zwei Jahre später meldete sich dann doch Nachwuchs an. Von den Ärzten bekam ich während der Schwangerschaft nur Vorwürfe, jedoch keinerlei beratende Hilfe zu hören. Mein Mann und ich betrachteten das werdende Leben jedoch als Führung und Geschenk unseres Gottes, weshalb eine Abtreibung für uns nie Gegenstand der Diskussion war. Angesichts der schweren Geburt, die zu früh eingeleitet wurde und schließlich als schmerzhafte Zangengeburt ausgeführt werden mußte, waren wir über das Geschenk eines gesunden Sohnes besonders dankbar. Mein körperlicher Zustand war jedoch auch weiterhin nicht sehr gut, insbesondere hatte ich mit wiederholter Kreislaufschwäche zu kämpfen. Auf Anraten seines fürsorglichen Vorgesetzten nahm mein Mann dann zum Sommer 1963 die Stelle als Krankenpfleger im Kreiskrankenhaus Freudenstadt an, in der Hoffnung, daß sich mein Gesundheitszustand in der Schwarzwaldluft bessern könnte. Als eine besondere Führung Gottes sahen wir es an, daß im selben Haus, in das wir nun einzogen, eine Arztfamilie wohnte, zu der sich bald ein sehr guter Kontakt entwickelte. Besonders die Ärztin entpuppte sich nicht nur als fachlich kompetente Beraterin, sondern zeigte sich auch von Anfang an sehr einfühlsam und war mir durch ihre verständnisvolle Begleitung in all den Jahren bis heute eine große Hilfe.

Durch die größer werdende Familie einerseits und schlechte Mieterfahrungen andererseits wurde der »Traum von den eigenen vier Wänden« bald zur zwingenden Notwendigkeit, der jedoch nur durch größte Sparsamkeit zu verwirklichen war. Dies brachte uns in neue Schwierigkeiten: Die Familie war inzwischen auf sieben Personen angewachsen, das neue Haus war abzuzahlen und – meine Kraft war inzwischen nicht größer geworden. Eine Haushaltshilfe war dringend notwendig, unter finanziellen Aspekten jedoch war gerade daran nicht zu denken. Da ergab sich erneut eine besondere Führung und damit verbundene Erfahrung der Güte Gottes: Zunächst wurden wir auf die Möglichkeit hingewiesen, für mich eine Berufsunfähigkeitsrente zu beantragen. Ungefähr gleichzeitig erhielt ich Nachricht von einer befreundeten Krankenschwester, die aus gesundheitlichen Gründen eine leichtere Beschäftigung suchte. Gerne nahm sie unsere Anfrage an, mir im

Haushalt zu helfen und war mit einer Vergütung in Höhe meiner inzwischen genehmigten Invaliditätsrente einverstanden. Ein noch ungenutztes Zimmer im Dachgeschoß wurde für sie ausgebaut, und wenige Wochen später zog sie bei uns ein. Mit ihrer ruhigen und freundlichen Art hatte sie nicht nur schnell das Vertrauen der Kinder erobert, sondern wurde mir in ihrer Bereitwilligkeit und Zuverlässigkeit bald eine unersetzliche Hilfe. Durch solche große und viele andere kleine Fügungen setzte Gott seine Hoffnungszeichen in mein Leiden. Wohl löste der Mangel, nicht mehr singen zu können, immer wieder Schwermut und depressive Phasen bei mir aus; doch in dem Maße, in dem ich Gottes Wegführung annehmen und somit das Leiden verarbeiten lernte, erschloß er mir neue Hoffnung, neue Ziele und neue Perspektiven. Bis heute habe ich allerdings den Eindruck, daß jemand mit normaler Stimme sich nur schwer vorstellen kann, was der Stimmverlust in seiner ganzen Tragweite bedeutet. Mit der Stimme verhält es sich ähnlich wie mit dem Gehör oder dem Augenlicht: erst wenn man darauf verzichten muß, weiß man wirklich, was man daran hatte. Doch lernte ich mit der Zeit, Lieder »im Herzen« mitzusingen, was mir vor allem deshalb gelang, weil ich in meiner Jugend viele Lieder »by heart« = auswendig gelernt hatte. Und in zunehmendem Maße wurden diese Lieder nun im Herzen lebendig – wie bei einem Blinden, der sich die Schönheit der Landschaft in seinem Herzen vorstellt.

Mit der Trachealkanüle mußte ich leben lernen, was unter anderem bedeutete, mit einer sehr dünnen Stimme auszukommen. Jedoch nicht nur ich – auch meine Familie. Erst später wurde mir bewußt, was es für die Kinder bedeutet haben mag, daß ihre Mutter nicht wie andere Mütter viele Male rufen und mahnen konnte. Sie lernten, auf eine leise Stimme und auf Blicke zu reagieren. Es bedeutete für sie die Aufgabe, sensibel für ein Anliegen zu werden, wo sich jemand nicht lautstark durchsetzen konnte. Und wenn ich auch selbst nicht singen konnte, so konnte ich doch mit den Kindern morgens eine Hausandacht halten. Die Aufgaben wurden eben verteilt. Der Älteste durfte nicht nur ein zum Bibeltext passendes Lied aussuchen, sondern dies auch selbst anstimmen. Beim Lesen des Bibelabschnitts wechselten sich die Kinder ab. Darüber, daß angesichts meiner begrenzten Kraft jedes Kind für die Ordnung in seinem Zimmer selbst zuständig war, gab es keine Diskussion – höchstens darüber, wie »Ordnung« zu definieren sei ... Außerdem hatte jedes Kind selbstverständlich eine bestimmte Aufgabe im Haus oder Garten zu übernehmen. Von klein auf lernten sie auf diese Weise, Rücksicht zu nehmen und Verantwortung zu tragen.

Mit dieser Behinderung zu leben bedeutet für mich heute, mich den täglichen Herausforderungen mit der Frage zu stellen: Was willst du, Herr, mir jetzt zeigen, wie soll ich mit dieser Situation umgehen? Im Ringen um die richtige Entscheidung und den rechten Durchblick ist es mir eine Hilfe, zunächst einfach für die vielen Beweise seiner Führung in den täglichen Kleinigkeiten während all der zurückliegenden Jahre zu danken, für sein Durchtragen in Zeiten des Kleinglaubens und Zweifels.

Luise Stahl

Ohne Schatten und Leid hätten wir Gottes großes Herz nie kennengelernt. Gerade in den Zeiten der Trübsal erfährt man etwas von dem Geheimnis der Gottesnähe. Da hört man die feinen Töne seiner Stimme und ahnt etwas von dem, was kein Auge gesehen und kein Ohr gehört hat.

Dora Schlatter

Alle Bücher, die ich gelesen habe,
haben mir
den Trost nicht gegeben, den mir
das Wort der Bibel gab:
Der Herr ist mein Hirte,
mir wird nichts mangeln.

Immanuel Kant

Wenn wir selbst im Dunkeln sind,
erst dann verstehen wir,
durch wieviel Nächte die Psalmbeter
gegangen sind
und wieviel Lichter ihnen der Herr
Zebaoth
angezündet hat.

Marie Feesche

15.
Psalmgebet

Ich rufe zu Gott und schreie um Hilfe,
zu Gott rufe ich, und er erhört mich,
In der Zeit meiner Not suche ich den Herrn;
meine Hand ist des Nachts ausgereckt und läßt nicht ab;
denn meine Seele will sich nicht trösten lassen.
Ich denke an Gott – und bin betrübt;
ich sinne nach – und mein Herz ist in Ängsten.
Meine Augen hältst du, daß sie wachen müssen;
ich bin so voll Unruhe, daß ich nicht reden kann.
Ich gedenke der alten Zeiten, der vergangenen Jahre.
Ich gedenke und sinne des Nachts und
rede mit meinem Herzen,
mein Geist muß forschen.
Wird denn der Herr auf ewig verstoßen
und keine Gnade mehr erweisen?
Ist's denn ganz und gar aus mit seiner Güte,
und hat die Verheißung für immer ein Ende?
Hat Gott vergessen, gnädig zu sein,
oder sein Erbarmen im Zorn verschlossen?
Ich sprach: Darunter leide ich,
daß die rechte Hand des Höchsten sich so ändern kann.
Darum denke ich an die Taten des Herrn,
ja, ich denke an deine früheren Wunder
und sinne über alle deine Werke
und denke deinen Taten nach.
Gott, dein Weg ist heilig.

Wo ist ein so mächtiger Gott, wie du, Gott, bist?
Du bist der Gott, der Wunder tut,
du hast deine Macht bewiesen unter den Völkern.

Psalm 77,1-15

16.
Leben mit einem behinderten Kind

Als unser jüngstes Kind geboren wurde und der Arzt uns eröffnete, daß es ein geistig behindertes, ein mongoloides Kind sei, im Fachausdruck heißt es: »Syndrom Down«, war ich tief geschockt.

Wir hatten zwar Gott nach fünf quicklebendigen Kindern um ein ruhiges Kind gebeten, aber als es fast bewegungslos mit nur geringen Lebensäußerungen in seinem Körbchen lag, waren wir sehr betrübt. Sollte das die Erhörung unserer Gebete sein?

Ich fürchtete, um den Verstand zu kommen. Nicht im geringsten hatte ich zu dem Zeitpunkt damit gerechnet, daß dies uns passieren könnte.

Ich war absolut unvorbereitet. Daß das Geschenk eines gesunden Kindes nicht selbstverständlich ist, war mir natürlich klar. Für Mütter mit behinderten Kindern empfand ich tiefes Mitgefühl, aber als es mich selber traf, war es nochmals ganz anders.

Ja, beim ersten und zweiten Kind hatte ich noch gebangt, ob es gewiß geistig und körperlich gesund sein würde, aber nach fünf gesunden Kindern war ich ziemlich sicher, daß auch das sechste Kind normal und gesund wäre.

Nun war es ein behindertes Kind. Die Hiobsbotschaft traf uns hart. Die Schuldfrage tauchte auf, was war der Grund?

Lag es an irgendeinem Fehlverhalten vor oder während der Schwangerschaft?

Wollte Gott uns für etwas bestrafen?

Lag eine erbliche Belastung vor? Mein betreuender Arzt vom humangenetischen Institut in Tübingen schloß das aus. Bis heute kennt man den eigentlichen Grund für das Down-Syndrom nicht. Man weiß nur, daß beim 21. Chromosom eine Schädigung vorliegt und daß diese bei Früh- und Spätgebärenden häufiger auftritt. Was aber war der Grund?

Ich hatte schon als Teenager zum lebendigen Glauben an Jesus gefunden. Nun war mein Glaube in seinen Grundfesten erschüttert.

Warum hatte Gott das zugelassen? Warum hatte er es nicht verhindert, wo er uns doch lieb hatte und wir uns ihm zum Dienst zur Verfügung gestellt hatten?

Wie konnte ich neben einem 8-Personen-Haushalt und einem behinderten Kind noch etwas für ihn tun, zumal mein Mann mit der Verlags- und Gemeindearbeit schon so ausgelastet war, daß die Hauptlast der Erziehung auf mir lag?

Damals hatte ich neben manchen Aufgaben in der Gemeinde mit meinem Mann zusammen in der Mitternachtsmission mitgearbeitet, indem wir nachts in die Altstadt gingen, um mit Gestrandeten zu sprechen. Das hatte Konsequenzen, z. B. daß wir fast ein Jahr lang zwei 12jährige Buben in die Familie aufnahmen und mehrere Jahre eine Prostituierte bei uns lebte, um ihr die Chance eines Neuanfangs zu bieten. Das und vieles andere würde ich nun nicht mehr tun können.

Ich verstand Gott nicht. Warum mußten ausgerechnet wir ein solches Kind haben, das eine schwere Belastung nicht nur vorübergehend, sondern für immer, bis an unser Lebensende sein würde?

Und was sollte aus diesem Kind, das aus dem Kindsein nicht hinauswachsen würde, nach unserem Tode werden?

In all den Fragen und Nöten der ersten Wochen suchte ich mehr denn je zuvor Antwort auf meine Fragen in Gottes Wort.

Ein Gotteswort wurde mir besonders wichtig: »Herr, wohin sollen wir gehen? Du hast Worte des ewigen Lebens« (Johannes 6,68). Gott, dein Wort kann trösten, »wie einen seine Mutter tröstet« (Jesaja 66,13). Dein Wort kann Kraft, Zuversicht und echte Hilfe schenken. Du kannst uns im Bewältigen der neuen Aufgaben helfen und uns segnen, auch gerade durch das behinderte Kind.

Auch eine Schallplatte von Heinz Stoßberg, dem Schwiegervater von Manfred Siebald, die mir mein Mann brachte, tröstete mich in besonderer Weise mit Liedern und verbindenden Texten und waren wie Balsam auf mein zerrissenes und wundes Herz.

Es brauchte einige Zeit bis ich soweit war, dieses Leid als etwas aus Gottes Hand zu nehmen, das Er zugelassen und worin Er seinen Plan hatte. Das Wort aus Römer 8,28 wurde mir wichtig: »Denen, die Gott lieben, *müssen* alle Dinge zum Besten dienen.«

Ich lernte, daß es sinnlos ist, wenn ich mich gegen Gottes Willen aufbäume, daß er eine solche Belastung in das Leben vieler Menschen legt. Warum sollte er gerade seine Kinder von Belastungen und Sorgen ausklammern? Sind es doch gerade die Leidgeprüften, die anderen in ihrem Leid helfen können.

Ja, ich hatte den Eindruck, daß Gott gerade seinen Kindern Prüfungen schickt, um zu testen, ob sie auch in der Anfechtung an Ihm festhalten. Das bekannteste Beispiel dafür ist Hiob, der ungleich schwerere Schicksalsschläge hinnehmen mußte, als je jemand von uns.

Jesus sagt uns nirgends in seinem Wort, daß wir, wenn wir ihm nachfolgen, in einer Sänfte zum Himmel getragen werden und von Leid verschont bleiben. Zinzendorf, der Liederdichter des Liedes »Jesu, geh voran«, sagt: »Denn durch Trübsal hier, geht der Weg zu dir.«

Die ersten Wochen in Jürgens Leben waren besonders schwer. Jede Mutter wird verstehen, wie schwer es ist, ein Neugeborenes nicht ganz nah bei sich zu haben. Jürgen kam gleich nach der Geburt in eine Kinderklinik, weil er keinen Saugreflex und eine ausgeprägte Trinkschwäche hatte. Täglich fuhr ich zur Kinderklinik und brachte ihm die abgepumpte Muttermilch, die ihm durch eine Sonde durch die Nase zugeführt wurde.

Da durfte ich ihn durch das Glas betrachten. Wie schwer wurde es mir, daß ich ihn nicht in meine Arme schließen und an mein Herz drücken durfte. Dann, nach vielen Wochen, durfte er heim. Aber o weh, es war nur von kurzer Dauer, denn durch Medikamente verursacht, bekam er Verdauungsstörungen, so daß er wieder viele Wochen in die Klinik mußte. Es waren Wochen, die mich in die völlige Abhängigkeit von meinem Herrn führten und in denen er in besonderer Weise mit mir redete.

Die Ärzte und Heilpädagogen sagten mir, wie wichtig die intensive Betreuung und Förderung dieser Kinder ist.

Die Entwicklungsstufen, die ein normales Kind fast automatisch durchmacht, müssen bei einem geistig behinderten Kind erst mühsam herbeigeführt werden. Ganz neue, schwierige und zusätzliche Aufgaben kamen auf mich zu und mir war bange, wie ich all das bewältigen sollte. In meiner notvollen Situation wurde ich ganz abhängig von Gottes Hilfe und lernte mehr denn zuvor, dem Herrn zu vertrauen:

Würde unser Kind laufen lernen?
Würde es sprechen lernen?
Wie wird seine weitere Entwicklung verlaufen?
Wird er je etwas zu seinem Lebensunterhalt beitragen können?

Am Anfang war Jürgen total apathisch. Doch ein Facharzt in München gab uns wertvolle Ratschläge und Tips, um Jürgens Situation körperlich, seelisch und geistig zu verbessern. Er gab uns den Rat, frühmöglichst eine ganz systematische heilgymnastische Betreuung nach der Methode Bobath anzustreben.

Die Bobathsche Gymnastik orientiert sich am gesunden Kind, erforscht, welche Bewegungen ein gesundes Kind macht, bis es zum Krabbeln und Laufen kommt. Diese Bewegungen werden systematisch geübt, und so lernte Jürgen Krabbeln und mit drei Jahren Laufen. Das war ein großer Fortschritt. Nun konnten auch seine Geschwister mehr mit ihm anfangen, und unser Jürgen konnte im aufrechten Gang viel mehr wahrnehmen und erleben, was sich wiederum positiv auf seine geistige und seelische Entwicklung auswirkte.

Große Schwierigkeiten bereitete Jürgen das Sprechen-Lernen. Auch das Kauen der Speisen war und ist für ihn ein Problem. Selbst heute noch hat er beim Kauen und Sprechen Schwierigkeiten. Er stottert, doch kann er sich verständlich machen.

Oftmals war die Belastung mit unserem Sorgenkind sehr groß. Manche Krankheit brachte es an den Rand des Todes. Jürgen konnte ja lange nicht sprechen und sagen, wo es ihm weh tat. Es gab manche bange, ungewisse Stunde. Wie gut, daß wir wußten, wo wir uns in unserer Not hinwenden konnten, woher uns Hilfe kommt.

Auch die Erziehung gestaltete sich sehr schwierig. Jürgens Intelligenzquotient liegt bei 49, und vieles, was er nicht tun sollte, konnte ich ihm vom Verstand her nicht begreiflich machen:

Wenn das Geschirr der großen Familie zum x-ten Mal auf dem Boden lag, weil unser Kleiner das Tischtuch vom Tisch gerissen hatte. Wenn ein Teil der Wohnung unter Wasser stand, weil er wieder einmal in einem kurzen, unbewachten Augenblick den Putzeimer umgekippt oder die Wasserhähne aufgedreht hatte. Wenn er die frisch gesetzten Pflanzen im Garten aus dem Boden zog und alles Reden fruchtlos zu sein schien, da war ich an meinen Grenzen angelangt und erflehte die Kraft und die Geduld von oben.

Aber auch die Kraft der Fürbitte durften wir erfahren. Immer wieder ließen uns Menschen wissen, daß sie für uns im Gebet eintraten. Dieses Wissen und das Empfinden echter Anteilnahme tat uns so gut.

Was die gesunden Geschwister betraf, so hatten auch sie anfänglich ihre Probleme. Es fiel ihnen z. B. schwer, vor ihren Kameraden einzugestehen, einen behinderten Bruder zu haben und sich unter Umständen mit ihm zu blamieren. Doch nachdem wir ihnen erklärt hatten, daß Jürgen eben *anders* ist und in besonderem Maße unsere Liebe und Hilfe braucht, waren sie bereit, ihn in ihr Leben einzubeziehen, mit ihm zu spielen, ihn zu fördern, was sie oftmals viel besser fertigbrachten als ich.

Mit ihrem erfrischenden Humor, ihrem Ideenreichtum und ihren besseren Nerven waren sie ihrem Bruder eine echte Hilfe. Durch die Mitarbeit in der Erziehung entstand eine positive Wechselwirkung, daß nämlich die Geschwister an der Aufgabe wuchsen und manche Qualitäten wie Rücksicht, Geduld, Umgang mit Behinderten und Verantwortung lernten.

So ist trotz und vielleicht gerade wegen dieser großen Belastung mit dem behinderten Kind und Bruder ein gewisser Segen für die Familie erwachsen.

Wir haben ein ganz normales Familienleben und viel Freude miteinander erlebt. Jürgen hat oftmals zur Erheiterung in der Familie beigetragen. Einmal ging er um den ganzen Familientisch herum, gab jedem einen Kuß und sagte zu jedem: »I mag di« (Ich mag dich). Den Schluß der Runde bildete ein Gast. Jürgen zögerte. Der Gast fragte:

»Und was ist mit mir?« Jürgen antwortete nach kurzem Überlegen: »Du magst di selber.« Schallendes Gelächter.

Inzwischen hat Jürgen die Schule für geistig Behinderte abgeschlossen, wo er ein wenig Lesen und Schreiben, aber vor allem lebenspraktische Dinge gelernt hat. Abstraktes Rechnen oder logisches Denken wird er nie lernen können. Er ist auf Betreuung und Hilfe angewiesen. Allein findet er sich im Leben nicht zurecht, ist unselbständig, kann aber auf Anweisung manches helfen und auch für sich selbst sorgen.

Das Singen freut ihn besonders. Er kennt viele Texte und Melodien auswendig und hört sich immer viele Kassetten an.

Seine Liebe zu Jesus und seine Treue im Gebet, besonders auch die Fürbitte für so viele Menschen, die in unserem Hause ein- und ausgehen, ist beeindruckend. Oftmals betet er für Menschen, die vor Jahren in unserem Hause waren, und an die wir durch ihn erinnert werden. Auch in der Öffentlichkeit geniert er sich nicht. Und da wurde er zu unserem heimlichen Erzieher.

Jetzt ist unser Jürgen 24 Jahre alt, und wir sind dankbar dafür, wie Gott ihm in seiner doch schweren Behinderung geholfen hat.

Wenn auch immer wieder Stunden der Anfechtung und Sorge mich einholen, so darf ich doch wissen, daß Gott keinen Fehler gemacht hat, als er uns dieses Kind zur Pflege anvertraut hat. Ja, er hat mich mit diesem Kind reich gesegnet. Mit dem Ja zu Gottes Führung und mit dem Ja zu unserem behinderten Kind ließ die psychische Belastung nach.

Ich erkannte, daß wir Christen keinen Freibrief haben, der uns vor Leid bewahrt. Gott nimmt uns als seine Kinder in seine besondere Erziehungsschule, um uns innerlich reifen und wachsen zu lassen. Gott möchte, daß wir ihn in jeder Lebenslage verherrlichen, und daß wir für andere sensibel werden, in deren Leben Gott Leid und schwere Belastungen zugelassen hat.

Ich bin froh, daß mich nicht mehr länger die »Warum«-Frage quält, sie wird erst in der Ewigkeit letzte Beantwortung finden.

Auch die Frage nach Schuld darf mich nicht länger quälen.

Nein, ich weiß, daß Jesus für *alle* meine Schuld am Kreuz von Golgatha büßte, somit braucht nichts mehr dazu getan zu werden, deshalb brauche ich nichts mehr selbst abzubüßen. Denn »die Strafe liegt auf ihm, auf daß wir Frieden hätten, und durch seine Wunden sind wir geheilt« (Jes 53,5).

In all den Schwierigkeiten und Belastungen, habe ich das Wort aus 1. Petrus 5,7 immer wieder für mich in Anspruch genommen und praktiziert: »Alle eure Sorge werft auf ihn, denn er sorgt für euch.« Wir dürfen lernen, alles an den abzugeben, der uns allein wirklich frei machen und helfen kann.

Eine weitere Hilfe, die schwierige Verhältnisse, vor allem aber meine eigene Einstellung verändert hat, ist die Dankbarkeit. Die Worte: »Seid dankbar in allen Dingen, denn das ist der Wille Gottes in Christus Jesus an euch« (1. Thess 5,18) und »Sagt Dank Gott, dem Vater, allezeit für alles, im Namen unseres Herrn Jesus Christus« (Eph 5,20) haben mir geholfen, meinen Blick von meiner besonderen Not wegzulenken und die Dinge in meinem Leben zu sehen, für die ich wirklich dankbar sein kann.

Der Psalmist des 68. Psalms, David, hat recht, wenn er täglich Gott lobt und ihm dankt: »Gott legt uns eine Last auf, aber er hilft uns auch« (Vers 20).

Ursula Hänssler

Gott hilft uns nicht immer
am Leiden vorbei,
aber er hilft uns hindurch.

Johann Albrecht Bengel

Es ist Menschenvorrecht,
durch die Art,
wie man es trägt,
das Leid
in Segen
zu verwandeln.

Ludwig Finkh

17.
Ich will

Im Wartezimmer meines Arztes fällt mein Blick auf eine Postkarte, die zwischen einem Berg von Zeitschriften liegt: »Ich will!« Diese beiden großen, weißen Worte auf rotem Hintergrund stechen mir ins Auge und wecken mein Interesse. Neugierig geworden, wer denn was will, nehme ich mir die Karte vom Zeitschriftentisch und lese umseitig, daß es sich um eine Kampagne zur Raucherentwöhnung handelt. Mich als Nichtraucher interessiert das nicht, aber dieser provokativ klingende Ausdruck »Ich will!« läßt mich nun nicht mehr los …

Denn genau das war es, was mir vor vielen Jahren den richtigen Blickwinkel für mein (Glaubens-)Leben gegeben hat. Das hat mir entscheidend weiter-, ja sogar auf- und zurechtgeholfen. Ich entdeckte nämlich beim Lesen der Bibel, insbesondere der Psalmen, daß es oftmals nicht heißt: »Ich freue mich, ich danke dir, ich lobe dich«, sondern: »Ich will mich freuen, ich will dir danken, ich will dich loben … « Ich will … ! ? Entweder man hat Freude oder man hat sie nicht – aber sie zu wollen … ? Das schien mir recht absurd, doch ich merkte, meine Einstellung und auch mein Dazutun schienen sehr wichtig zu sein. Sich freuen ist einfach – in guten Tagen, wenn ich »Grund« zum Danken habe, ich die Freude also abhängig machen kann von Stimmungen, Gefühlen oder äußeren Umständen. Doch was ist mit den schlechten Tagen in meinem Leben? Mit den Wegführungen, die als (zu) schwer, und den Lebensumständen, die als (zu) widrig und schmerzvoll empfunden werden? Nun muß (und wird) sich erweisen, was der tragende Grund meiner Freude ist – auf einen kurzen Nenner gebracht: Habe ich Freude (nur) an den Gaben Gottes oder am Geber selber? Letztere ist nicht unbedingt abhängig von äußeren positiven Umständen und Gefühlsregungen. Sie ist eine »Dennochfreude« (Psalm 73!) mit dem Grundtenor »In dir ist Freude, in allem Leide, o du lieber Jesu Christ …«.

Ob diese Aussage aus jenem bekannten Kirchenlied auch für uns stimmte, waren mein Mann und ich (auf-)gefordert zu prüfen. Als wir 1976 geheiratet hatten, zeigten sich bei meinem Mann Peter (damals gerade 25 Jahre alt) ein halbes Jahr nach unserer Hochzeit die ersten Symptome einer unheilbaren Krankheit: Multiple Sklerose, die »Krankheit mit den tausend Gesichtern«. Nun leidet mein lieber Mann schon seit 16 Jahren an dieser chronischen und überaus heimtückischen Krankheit, zwischenzeitlich ist er schwerpflegebedürftig geworden. So war ich als seine Ehefrau in intensiver Weise an seine Seite gerufen und gefordert, denn allein schon meine Gegenwart, und nicht nur meine Hilfe, wurde etwas vom wichtigsten für ihn. Unser einmaliges Eheversprechen wurde nun im Alltag ein- und ausgeübt: Ich habe in guten Tagen zu meinem Mann gehört, nun will ich auch und erst recht in schlechten Tagen zu ihm gehören. Langsam begann ich zu ahnen: »Erst in der Treue ist menschliche Liebe wirkliche Liebe. Wir können daher auch sagen: Nicht die Liebe (an sich) macht das Wesen der Ehe aus, sondern die aus der

Treue erneuerte und durch Krisen hindurch geläuterte Liebe« (G. Müller).

Dieses »Ich will« wurde für mich (über-)lebenswichtig! Für mich als Christ hieß es: Wenn Gott uns diesen Weg führt, »zumutet«, dann will ich glauben, daß dies (s)einen Sinn hat und daß ich nur an dieser meiner »Geschichte« wachsen und reifen kann. Schon allein deswegen will ich den schweren Weg des Vertrauens immer und immer wieder neu unter meine Füße nehmen. Dabei verstehe ich den Sinn oft nicht, aber ich will dem vertrauen, der ihn weiß. Und vielleicht muß ich mich zuerst einmal von dem Drang befreien lassen, den Sinn des Leidens schon hier und jetzt erkennen zu wollen? Ich will nicht aufgeben, sondern mich Gott hingeben, ob er sich mir nun sicht- und spürbar offenbart oder sich mir schweigend verhüllt. Nicht nur in Gut-Wetter-Perioden, sondern auf alle Fälle und auch in Extremsituationen will ich an Gott festhalten. So wäre es mir auch nie in den Sinn gekommen, mich bei oder über Gott zu beschweren. Das war nicht fromme Zurückhaltung, sondern meine persönliche Art. Ich war ein zufriedener Mensch, deswegen kam ich wohl auch nie auf die Idee, mit jemand anderem tauschen zu wollen. Überhaupt merkte ich, daß mein »Sosein« mir in meinem »Dasein« der enger werdenden Grenzen sehr half. Schon immer wußte ich die Gabe (m)eines dankbaren Herzens zu schätzen – wieviel mehr jetzt. Ich wußte, daß Freude in einem engen Zusammenhang mit dem Dankbarsein steht. Ich konnte mich z. B. auch gut abfinden mit Dingen, die nicht zu ändern waren. Auch hatte ich keine Mühe, anzunehmen, daß es durch die Krankheit meines Mannes still bei uns und um uns wurde, als wir zwangsläufig nicht mehr oder immer weniger am »gewohnten« Leben (Familien-, Bekannten-, Gemeindekreis) teilnehmen konnten. Wieviel schwerer wäre es gewesen, wenn ich »Jubel, Trubel, Heiterkeit« für und um mich herum gebraucht hätte. Eher das Gegenteil war der Fall: ich konnte gut und gern allein sein. Mein Mann selber machte es mir und uns leicht, weil er mit seiner Krankheit lebte und nicht gegen sie. Seinen Humor hatte er nicht verloren, und das half uns über viele unerträgliche Situationen besser hinweg. Nie ließ er Unzufriedenheit oder Ungeduld an uns, seinen Nächsten, aus. Nie murrte er oder ließ sich gehen. Er blieb ausgeglichen und gönnte anderen, was ihm inzwischen durch seine Krankheit nicht vergönnt war. Er blieb dankbar für das Wenige, was er noch tun konnte, anstatt undankbar zu sein für das Viele, was er nicht mehr tun konnte. Langeweile war ein Fremdwort für ihn. Er blieb trotz aller körperlichen Einschränkungen geistig rege und tat für andere, was noch in seinen Kräften und Möglichkeiten lag. Er war dankbar und schätzte es sehr, daß unsere Eltern/Schwiegereltern uns trotz ihres hohen Alters mit ihren zunehmenden Gebrechen und Beschwerden mit praktischer Hilfe zur Seite standen und unsere Situation dadurch wesentlich erleichterten. Auch wußte er zu schätzen, daß wir in einem Land leben, in dem ärztliche und medizinische Hilfe optimal gegeben ist. Hilfeleistungen, egal welcher Art, waren ihm nie selbstverständlich, und er blieb dankbar für jeden hilfreichen Handgriff und für alles, was man ihm tat. Wo und wann immer er konnte, auch wenn es für ihn mit Opfern verbunden war, gab er mir innerlich wie äußerlich »frei«, damit ich eine Atempause »Luft holen« und mich erholen konnte. Wie er geduldig und tapfer mit seiner Krankheit lebte, motivierte mich! Weil wir uns beide sehr gut verstanden, es in unserer Ehe schön und gut miteinander hatten, war es für uns auch kein Problem, »rund um die Uhr« zusammen zu sein. Im Gegenteil: wir konnten unsere gemeinsame Zeit, daß wir über alles miteinander reden konnten und vor allen Dingen, daß wir einander hatten, genießen und wir versuchten, aus allem das Beste zu machen. All das und meine natürlichen Anlagen wie auch meine persönliche Führung – so hatte ich »nichtsahnend« den idealen Beruf der Krankenschwester erlernt! – empfand ich als »schwerwiegende« Pluszeichen vor unserem gemeinsamen Weg. Positiv war auch, daß ich als Krankenschwester früh mit Elend und Leid konfrontiert worden war; so war ich schon von Berufs wegen gezwungen, mich dieser großen und schweren Frage nach dem »Warum« zu stellen. Weil ich viele Jahre Zeit hatte, als nicht Ge- und Betroffene aus der nötigen Distanz zum Leid gültige Antworten zu suchen, wurde ich jetzt, selber betroffen, nicht überrollt von Zweifeln und Fragen. So konnte ich mich jedesmal aufrichtig freuen, wenn ich in Matthäus 6 (gleich zweimal!) las: »... euer himmlischer Vater weiß ...«. Auf diesen und ähnlichen Entdeckungen und Überlegungen konnte mein »Ich will mich freuen« anfangen zu wachsen. Mit dem (Heraus-)Finden und Nennen von positiven Dingen in meinem Leben war ich wesentlich zur aktiven »Mitarbeit« an der Freude aufgefordert.

Wenn die Beziehung zum Gegenüber »stimmt« (das ist eine Quelle der Freude), ist es erstaunlich, wieviel man aus- und auch einhalten kann. Vieles kann nicht ge- oder verändert werden, aber die Liebe macht vieles erträglich(er). Das ist nicht nur im zwischenmenschlichen Bereich so. Wenn ich zu Gott eine Beziehung »aufgebaut« habe, die unabhängig ist von meinen Lebensumständen, dann kann (will) ich auch durchhalten, wenn die Lebensumstände für mich erdrückend werden. Ich kann (will) lernen, Gott trotz der Widrigkeiten und Enttäuschungen des Lebens zu vertrauen.

Selbst in den bedrückendsten Zeiten wollte ich nie Gottes Liebe in Frage stellen. Ich wollte sie jeden Tag neu für mich an- und in mich aufnehmen, trotz der Unbegreiflichkeit und Verborgenheit Gottes. Ich wollte mich beugen vor seinem Schweigen (warum erhört er unser Flehen nicht???), vor seiner Unbegreiflichkeit (warum, mein Gott, warum???) und vor dem uns Auferlegten. Ich wollte Gott um seinetwillen lieben, ihm vertrauen, auch wenn ich ihn nicht (mehr) verstehen konnte. Denn der Augenblick, an dem es am schwersten fällt zu glauben, ist auch der Moment, in dem es am nötigsten ist!

Ich glaube aber, daß ich mir zu Beginn der Krankheit meines Mannes nie ganz eingestanden hatte, wie verzweifelt ich war. Da ich ein Mensch bin, der viel Harmonie zum und im Leben braucht, habe ich Ängste und Fragen verdrängt. Das war gut möglich, denn die Krankheit verlief in den ersten Monaten und Jahren zwar mit den ihr so typischen Schüben, war aber doch zwischen den Schüben (noch) relativ »harmlos«. Zwei Kinder hatten mittlerweile aus unserer Ehe eine Familie werden lassen, und wir als Eheleute wie auch als Eltern waren im Miteinander und Füreinander gefordert. Wir waren zwar von der ersten Stunde der Krankheit an Realisten, wußten (oder wußten wir es doch nicht??) um den ganzen Ernst der Krankheit und machten uns in keiner Weise etwas vor, doch wir hatten kaum Zeit (oder vielleicht wollten wir keine Zeit haben??), uns den noch offenstehenden Fragen zu stellen: Wie wird die Krankheit weiterhin verlaufen, wie werden die dunklen Spuren der Krankheit unser Leben prägen, und, und, und ... Natürlich hätten wir zu jener Zeit keine Antwort finden können; aber wir hätten uns vertraut(er) machen können mit diesem uns noch so erschreckend Neuen, Unbekannten.

Mit den Jahren verschlimmerte sich der gesundheitliche Zustand meines Mannes zusehends, die Grenzen wurden enger und die damit verbundenen Einschränkungen und Entbehrungen für uns immer schmerzvoller. Die physischen wie auch die psychischen Kräfte für ein »Mehr« reichten nicht weiter als nur für die Bewältigung unseres Alltages. Es galt, die uns gesteckten Grenzen zu erkennen, anzuerkennen und damit und dann zu leben (= leben zu wollen!).

Es wurde mir klar: das Schmerz- und Notvolle in unserem (Er-)Leben darf ich nicht länger verdrängen, sondern ich muß (will) den Schmerz einlassen und zulassen und damit meine ganze erbärmliche Hilflosigkeit zu- und preisgeben. Ich merkte je länger je mehr an und in mir, daß der verschlossen gehaltene Schmerz im Inneren meiner Seele seine Verwüstungen anrichten konnte, wenn er nicht ausgeklagt wurde. Ein notwendiger (notwendend!) Prozeß war für mich, nicht vor dem Schmerz zu fliehen, sondern mit meinem Schmerz zu Gott zu fliehen. Zwei Sätze gaben mir den entscheidenden Anstoß: »Darum will auch ich meinem Munde nicht wehren. Ich will reden in der Angst meines Herzens und will klagen in der Betrübnis meiner Seele« (Hiob 7,11). »Schaut weg von mir, laßt mich bitterlich weinen! Müht euch nicht, mich zu trösten …« (Jesaja 22,4). Vielleicht kann ich mein Vertrauen zu Gott (auch) damit beweisen, wenn ich ihm meinen Schmerz, meine Tränen anvertraue! Gott gesteht mir meine Tränen zu, so darf auch ich sie mir und anderen zugestehen, und wir brauchen uns ihrer nicht zu schämen.

Tatsächlich: den Tränen ihren freien Lauf lassen zu können, verschaffte mir oft Erleichterung und innere Befreiung. Das Ein- und Zugestehen »Ich darf traurig sein und müde, es darf Dinge geben, mit denen ich allein nicht fertig werde …« wirkte sich wie eine heilmachende Therapie auf mich aus. Noch eine Art von Therapie habe ich entdecken können: Ein Buch, das im richtigen Augenblick gelesen wird und uns nicht nur für Augenblicke von uns ablenkt, sondern uns im Gegenteil zu uns bringt, hat heilende und helfende Wirkung. So mochte ich zu jener Zeit keine humorvollen Bücher, die mir Ablenkung und Zerstreuung bieten wollen, sondern viel lieber die Bücher, die vom Leid anderer Menschen und von der Art sprachen, wie sie damit fertig wurden. In der Bibel waren es hauptsächlich das Hiob- und Jeremiabuch, die Psalmen, dazu noch (Auto-)Biographien, Bücher jeglicher (sachlicher wie auch persönlicher) Art zum Thema »Leid«, deren Autoren die Wahrheit im eigenen Erleben und Erleiden gefunden hatten. Dankbar kann ich bezeugen, daß ich oft im genau richtigen Augenblick das für mich genau richtige Buch in die Hand bekam. So kann ein Buch zum Gefährten in Krisensituationen werden und regelrecht ein Licht im

Dunkeln anzünden! Ähnlich ging es mir mit der Musik. Auch sie wurde mir ein unentbehrlicher Begleiter. Am liebsten hörte ich ruhige, eher weh- und schwermütig klingende Musik. Nicht nur Instrumentalmusik, sondern auch Musik mit Text (und hier wiederum besonders der Bibel entnommen) »spielten« mir Trost ins Herz. Immer wieder neu war ich, um nur zwei Beispiele zu nennen, ergriffen und berührt von der Passage »Er (Jesus) ist voll von Traurigkeit. Er sah umher, ob's jemand jammerte; aber da war keiner, der da Trost dem Dulder gab« aus Händels Messias. Jesus, der Dulder, suchte Trost – fand ihn aber nicht; ich suchte ihn beim Erlöser – und finde ihn. Oder »Blute nur, du liebes Herz, ja blute nur ...« aus der Matthäus-Passion von Bach. Ich darf mein Herz »bluten« lassen, und oftmals wurden durch diese Musik die Saiten meiner Seele berührt, Tränen, die den Staub von der Seele waschen, konnten fließen. Nicht, um Leid noch zu vermehren, sondern um es zu verarbeiten. Denn zuerst will und muß Not ausgeklagt und ausgeweint sein, und auf dem Grunde der Klage wird Dank und Freude heranreifen.

Wenn ein Mensch Leid erfährt, dann wirft das immer Fragen für ihn auf. Fragen, die auch Hiob quälten. Im größten Schmerz darf die Frage nach dem Warum vor Gott gestellt werden und muß nicht, wie viele meinen, in ein Wozu umgewandelt werden. Das ist vielleicht viel später dran. Die Warum-Frage ist die Frage der Menschheit überhaupt und ein Zeichen dafür, daß der Mensch um sein (Über-)Leben ringt. Beim vielen Lesen des Buches Hiob habe ich gelernt: Er hat geklagt, angeklagt, verklagt (= verarbeiten, »bearbeiten«), doch immer Gott zugewandt, nicht von ihm abgewandt. Hiob darf vor seinem Gott Ein- und Widerspruch erheben und damit die Not aller Leidenden vor Gott und vor aller Welt zur Sprache bringen. Da kann es Gebete geben, die in unseren Ohren wie Gotteslästerung klingen. Aber, sagt Luther, sie sind Gott vielleicht angenehmer als mancher schöne Choral. Ich mußte staunen darüber, weil Gott viel daran liegt, daß es ehrlich zugeht zwischen ihm und mir. Er kommt mit jeder menschlichen Reaktion zurecht und hat damit, im Gegensatz zu manch einem Frommen, keine Probleme. Da darf ich als Christ sogar verstummen in meiner Qual, darf in meiner Not nicht nur meine Fassung, sondern auch meine Sprache verlieren: »Es ist kein Gebet in mir. Nimm mein Stöhnen als Gebet an.« »Vor dir sein. Aber nicht mit Worten den Schmerz berühren – nicht jetzt, mein Gott. Was mich zu dir treibt, weißt du. Mein Schweigen redet zu dir.« »Mein Gott, ich danke dir, daß mein Gebet schwach und hilflos sein darf, verzagt und sehr leise ...« Wenn ich nicht mehr die Kraft habe, mich am Wort Gottes festzuhalten, dann hält das Wort Gottes mich fest! Und dieses Wort verheißt mir, daß der Heilige Geist mich mit unaussprechlichem Seufzen selber vertritt, wenn ich nicht mehr weiß, was und wie ich beten soll (Römer 8,26).

Was, wenn die Kraft zum »Ich will« nicht mehr da ist? Wenn körperliche Kräfte ausgehen und damit gleichzeitig auch die seelischen Kräfte zum Wollen fehlen? Körper und Seele »arbeiten« und hängen immer eng zusammen. Dann kann es geschehen, daß ein ehrliches »Ich kann nicht mehr!« in ein »Ich will nicht mehr« gesteigert wird. Obwohl ich mich, von Natur aus willensstark, nicht so schnell geschlagen gebe, mußte ich nun auch erleben: Der an mich selbst gerichtete Appell »Ich will …« hat (seine) Grenzen. Jedem kann einmal, salopp gesagt, »die Puste ausgehen«. Das war selbst einem Paulus nicht fremd, treffend beschreibt er es in 2. Korinther 1,8: »… die Bedrängnis, die uns widerfahren ist, wo wir über die Maßen beschwert waren und über unsere Kraft, so daß wir auch am Leben verzagten …«. Dieses Bekenntnis hat mir Mut, viel Mut gemacht: Ich darf ehrlich vor Gott, vor dem Nächsten und vor mir selber (!) sein bzw. werden. Dieses Am-Leben-verzagen gehört zum und ins Menschsein dazu und hinein. Das gibt es also doch und gibt es also auch bei Christen: über die Maßen und über die Kraft beschwert! Wohl dem, der dann um den Trost weiß, daß Gott weder das geknickte Rohr abbrechen noch den glimmenden Docht auslöschen wird. Das heißt: sich los- und fallenlassen dürfen in die Vaterarme Gottes, sich aufgefangen und (fest-)gehalten wissen von ihm. »Ich kann nie tiefer fallen als in Gottes Hand.« Und vielleicht wird uns erst diese unsere Erbärmlichkeit die Perspektive der Bibel eröffnen, warum Gott den Seinen nichts an Schwerem »erspart« und in Zerreißproben führt (Vers 9): »Das geschah aber, damit wir unser Vertrauen nicht auf uns selber, sondern auf Gott setzen …«. –

Ich wußte, daß der Glaube an dieses Wort der einzige Weg war, mit unbegreiflichem und unerträglichem Leid »fertig« zu werden, andernfalls würde es mich »fertig« machen. Gott will und wird uns nicht erdrükken in den Tagen unserer Not, er will uns erstarken lassen unter unserer Last. Ein Wort, das in diesem Zusammenhang hellhörig macht, ist das bekannte »Selig sind, die Leid tragen ...«. Jesus spricht diejenigen selig, die ihre Last nicht abschütteln, sondern tragen (= darunterbleiben!) wollen.

Ein Lied hatte ich früher gerne gesungen, ohne jemals den Sinn des Refrains richtig verstanden zu haben: »... du läßt mich in die Tiefe gehen, damit ich sehe, wer ich bin; doch Herr, du läßt mich nicht dort stehen, du ziehst mich wieder zu dir hin ... Ja, Herr, du bist bei mir, und dafür dank' ich dir ...«. In diesem Prozeß wird aus Schein, auch aus frommem Schein, ein Sein. Das ist im wahrsten Sinne des Wortes Ent-täuschung! Und es ist auch Gnade! So paradox das klingen mag: je mehr ich das »begriff«, desto mehr konnte Freude in mir wachsen. Als Zielvorgabe, die das Gegenwärtige aus dem Aspekt der Ewigkeit betrachtet, konnte ich Römer 8,28 jetzt erst richtig (und nur im Zusammenhang mit dem darauffolgenden Vers) verstehen: »Wir wissen aber, daß denen, die Gott lieben, alle Dinge zum Besten dienen ... daß sie gleich sein sollten dem Bild seines Sohnes ...«. Eine feine Erklärung von Siegfried Kettling half mir zum entscheidenden Durchbruch: »... ›Dienen‹ müssen uns die Dinge, auch Einsamkeit, Enttäuschung, Depression, Krankheit, Tod. Sie sind nicht unsere Herren, wir nicht ihre Sklaven. Sie sind uns als ›Bedienstete‹ beigegeben, als Mittel, als Material zu unserem Heil.« Wenn wir also Erziehung an uns erfahren, ist das Grund zur Dankbarkeit und Freude, auch wenn wir in der jeweiligen Situation so nicht empfinden (»... es dient zu eurer Erziehung, wenn ihr dulden müßt ...« aus dem bekannten 12. Kapitel des Hebräerbriefes).

Was ich früher, in guten Zeiten, nicht wußte, jetzt wurde es offenbar: Selbstmitleid und Wehleidigkeit sind mir nicht fremd, und je nach Situation ließ ich mich auch auf Neid ein. Plötzlich konnte ein neidischer Gedanke in mir hochkommen, wenn ich z. B. ein Pärchen Arm in Arm vor mir spazierengehen sah. Dieser kleine Nadelstich im Herzen.: »Warum können wir so nicht mehr spazierengehen, warum immer den Rollstuhl vor mir herschieben müssen ...«; oder: »Warum muß es jetzt so viele verlorene Gemeinsamkeiten bei uns geben? Warum muß ich überall allein hingehen, zum Elternabend und, und, und ...«. Ich war anfällig für Entmutigung und Resignation geworden. Ein Urlaub ist mir noch besonders in guter Erinnerung. Unsere Kinder waren noch klein, 2- und 5jährig, mein Mann schon im Rollstuhl. Nachdem ich für unsere Ferien schon alles allein hatte herrichten und packen müssen, mußte ich mich nach stundenlanger und ermüdender Autofahrt mit dem Schleppen der Koffer, mit Auspacken und Einrichten der Ferienwohnung und, und, und ... abplagen. Da war sie wieder, diese innere, widerliche Stimme, der ich in solchen Streßsituationen nur allzu schnell und gern mein Ohr lieh: »Alles mußt du allein machen, keiner hilft dir, alles hängt an dir; du bist wirklich eine Arme ...«. Mein Selbstmitleid wuchs ins Unermeßliche, Verärgerung stieg in mir auf, machte sich Luft, Resignation meldete sich an, und innerlich schimpfte und schwor ich: »Das ist unser letzter Urlaub ... !« Die Folge war Herumnörgeln an den Kindern, Ungeduld und Unzufriedenheit über die Um- und Zustände, so daß ich am liebsten gleich wieder nach Hause gefahren wäre. Mein Mann (er-)trug mich. Er hatte das, was ich nicht hatte: Verständnis und Geduld mit mir, mit unserer Situation. Er half mir und hilft mir immer wieder (da-)durch. Das brachte mich zur Besinnung: Wenn ich mich benachteiligt fühlte, dadurch in den Sog des Selbstmitleids geriet, wenn ich durch Geplagt- und Unverstandensein hindurchgehen mußte, wenn schwer- und wehmütige Gedanken mich nach unten ziehen wollten, dann ist nicht Flucht nach innen, sondern Flucht nach außen angesagt. Ich muß dann das klärende und somit helfende Gespräch mit meinem Partner suchen und mit dem, der gesagt hat: »Kommet her zu mir alle, die ihr mühselig und beladen seid ... Ich will euch erquicken«. Dieses Erquicktwerden muß nicht immer gefühlsmäßig erfahrbar sein (»... wenn ich auch gar nichts fühle von deiner Macht, du führst mich doch zum Ziele, auch durch die Nacht ...«). Manchmal ist es eher das, was Kurt Scherer gut formuliert: »Weil ich getragen werde, kann ich tragen und ertragen. Weil ich gehalten werde, kann ich festhalten und durchhalten.«

Ich, von Natur aus eher widerstands- und belastungsfähig, mußte mich nun zurecht-, mußte mich erst abfinden lernen mit einem immer schwächer werdenden gesundheitlichen Zustand. Die jahrelangen schlechten wie auch kurzen Nächte wegen der Schlafstörungen meines Mannes wie auch die psychische und physische Dauerbelastung durch das Auf und Ab einer chronischen Krankheit sind auch an meine Substanz gegangen. So waren Erschöpfung und Müdigkeit zeitweise meine ständigen Begleiter, und manchmal war einfach keine Kraft mehr da. Was ich früher »theoretisch« leicht als Ratschlag an andere weitergeben konnte, mußte ich mir nun in mühseliger »praktischer« Kleinarbeit selber ein- und zugestehen: Enge Grenzen sollte ich nicht gewaltsam niederreißen, weil sie von Gott gegeben sind. Ich mußte es regelrecht buchstabieren lernen: Ich darf schwach sein, ich darf Grenzen haben, und ich will (muß!) zu diesen meinen Grenzen (der Belastbarkeit, der Tragfähigkeit, der Geduld und, und, und ...) stehen. Doch halt: Will ich wirklich zu meinen Grenzen stehen? Auch dieses zu wollen, bin ich am Lernen.

In den langen Jahren der Krankheit meines Mannes machte ich die verschiedensten Gefühlsreaktionen und Verhaltensweisen durch, war hin- und hergerissen zwischen ›Widerstand und Ergebung‹. Es war nicht von heute auf morgen ein »Haben«, sondern ein »Werden«. Eigenartig, aber gerade dieses Durchmachen aller Erregungen machte mich fähig, im Hier und Jetzt trotz der Widrigkeiten getrosten Herzens leben zu können. Weil ich innere Freiheit erfuhr durch das Entdecken meiner positiven wie auch negativen Empfindungen und durch das Aufdecken von damit verbundener Schuld und deren gnädiger Vergebung. Negative Gedanken verloren ihre Macht, wenn sie benannt und bekannt wurden. Ein Beispiel: Immer wieder kamen in mir Aggressionen hoch und Wut auf die Krankheit MS. Warum mußte sie so unerbittlich grausam weiterschreiten, warum konnte sie nicht zum Stillstand kommen, warum mußte sie nach und nach gravierende Lebensbereiche einschränken, warum mußte sie mir meinen Mann Stück für Stück nehmen (es sagte mal jemand treffend: MS sei ein Sterben auf Raten), warum, warum ...? Auf dieses aggressive Warum fand ich zwar keine allgemeingültige Antwort, doch der Sog nach unten wurde unterbrochen und ich fand meine Antwort. Sie war es, die mich über allem Fragen und Aufbegehren zur Ruhe kommen ließ. »Es gibt keine Antwort, die wir auf diese Frage empfangen, wohl aber eine, die wir geben. Diese Antwort besteht darin, wie wir mit dem Leiden umgehen. Wir können mit Verbitterung reagieren. Das wäre zunächst natürlich, und niemand hätte das Recht, einen anderen zu verurteilen, weil er bitter wird. Aber bleibende Bitterkeit hieße dem Tod opfern, was als Lebensmöglichkeit trotz schmerzlicher Einschränkungen immer noch da ist. Unaufhebbares Leid will als ein Teil unseres Lebens begriffen werden und nicht als Widerspruch ... Du magst suchen und suchen – letzte Antwort auf die Frage nach dem Leid wirst du nicht finden in dieser Welt. Doch suche dies Geheimnis zu ergründen, woran es liegt, daß Menschen versteinern unter ihrer Leidenslast, verhärten und verbittern, und anderen wird das schmerz-durchgepflügte Herz zum Akker. Die Tränensaat geht auf zu Güte, Verstehen und Erbarmen. Leid kann zerstören, aber wo du dich vertrauend beugst dem Unfaßbaren, ist diese Macht ihm schon genommen. Lehne dich nicht auf, so trägt dich jeder Schmerz zu neuen Ufern.« * Ich durfte staunend miterleben, wie die Tränensaat in unserer Familie langsam aufging und wie wir zu neuen Ufern getragen wurden ...

Ganz wichtig: Ich muß das Dunkle nicht hellsprechen, um mich freuen zu können; ich muß das Schwere nicht leichtmachen (-nehmen!), um es tragen zu können. Es ist da und ich muß es weder verharmlosen noch beschönigen, ich kann und muß es stehen lassen. Ich erfahre, was Verzweiflung heißt; ich erfahre, wie Kummer bedrückt und daß ich oft alle Kraft brauche, um diesem

* Naegeli: »Berührt von Deinem Schmerz«, Freiburg, 1990, S. 19-20.

Druck standzuhalten; ich erfahre, daß »wer Dank opfert, der preiset mich ...« (Psalm 50,23) oft über mein Vermögen geht (= hier fängt das Dank-opfern ja an!), und daß damit kein bloßes Lippenbekenntnis gemeint ist, sondern ein inneres wie äußeres Verhalten, das Gott in allem Ehre gibt.

Freude erfahre ich und Freude kann wachsen durch echte und gute Gemeinschaft, wo »gebendes Nehmen und nehmendes Geben« praktiziert und erfahren wird. Das wird nur mit einigen Wenigen möglich sein, denn nur diejenigen, die uns wirklich verstehen (wollen), lassen wir nahe an uns heran. Das sind dann nicht diejenigen, von denen es in Psalm 41,7 heißt: »Sie kommen, nach mir zu schauen und meinen es doch nicht von Herzen«, sondern die Menschen, die auch dann noch bei uns bleiben wollen, wenn wir uns außerhalb ihrer Vorstellungen äußern und bewegen. Sie, die Zu- und Hinwendung schenken wollen und dabei weder an Zeit noch Kraft noch Fantasie gespart haben. Sie, die mit uns durch- und bei uns aushielten auch in den dunklen Wegabschnitten, manchmal mit uns weinend, manchmal mit uns schweigend. Sie, die uns durch kleinere Wohltaten (ein Kartengruß, ein Brief, ein Telefonat und, und, und ...) oder größere Freundlichkeiten (so wurde uns als ganzer Familie ein wunderschöner 14tägiger Urlaub geschenkt!) unseren Alltag reicher und leichter machten. Sie, die ehrlicher Anteilnahme fähig waren und mich dadurch seltsam berührten.

Denn Leid, das von einem anderen wahr- und aufgenommen wird und vor dem es ausgesprochen werden kann, ist leichter zu (er-)tragen.

Von Carl Hilty stammt der Satz: »Die festen menschlichen Bande schließen sich im Leid. Wenn man mit einem Menschen etwas gemeinsam getragen und sich darin bewährt hat, das gibt wahre Freundschaften, die alles aushalten und ein wirklicher Schatz sein können.«

Die Bibel macht uns Hoffnung, aber keine falsche Hoffnung. Wir erhalten zwar Hilfe von Gott, aber nicht immer so, wie wir es uns vorstellen und wünschen. Realistisch geht sie das Problem des Leidens wie auch des Glaubens an. Denn Glauben ist nicht nur dort, wo durch Beten die Umstände besser oder anders werden. Glaube ist auch dort, wo aus Glauben noch kein Schauen geworden ist und wo mitten im Leid keine Verbitterung geschieht. Wir erlebten es so: Wir hatten, Jakobus 5 gemäß, nicht nur einmal, sondern mehrmals die Ältesten der Gemeinde zu uns gerufen, um in den besonders schweren Abschnitten der Krankheit (während der Schübe) über meinem Mann beten zu lassen. Gott allein weiß, wie wir mit der ganzen Kraft unserer Seele auf sein sicht- und spürbares Eingreifen gehofft und ihm vertraut haben. Für uns überhaupt keine Frage: Gott kann, damals wie heute – aber: will Gott? Er kann sich auch heute noch durch Wunder offenbaren und verherrlichen, tut er es jedoch nicht, will er sich auf einem anderen Wege an uns bzw. in uns verherrlichen. Doch dieses von uns so ersehnte und erhoffte Wunder ist uns nicht geschenkt worden – doch etwas anderes geschah in aller Stille: Innerlich erstarkt, dadurch gestärkt, konnte mein Mann seinen Weg weitergehen mit seinem »Dauerjoch«. Ohne je die Liebe und Führung Gottes in Frage zu stellen, ohne je aufzubegehren gegen dieses »Laß dir an meiner Gnade genügen, denn meine Kraft ist in deiner Schwachheit mächtig«, ohne je seinen Glauben, seine Hoffnung und seine Liebe zu seinem Herrn »über Bord zu werfen«. Ich bin mir ganz sicher, weil ich es so erlebte: Gott handelt entweder durch direktes Eingreifen oder durch indirektes Eingreifen, wo die Gnade allein uns genügen und seine Kraft in unserer Schwachheit stark sein soll. Dann ist es ein ebenso großes Wunder, wenn ein Mensch mitten in seinem Leid zum »Nicht mein, sondern dein Wille geschehe« findet – mitten im mühsamen und mühseligen Alltag, nicht oder kaum sichtbar für die Masse, sondern für einzelne Wenige, die mit uns unterwegs waren.

Von einer Grundwahrheit des Lebens habe ich lernen können: wie in der Natur Leben wachstümlich geschieht, so auch in unserem persönlichen Leben. Gott ist es, der wachsen und gedeihen läßt. Es gibt Gaben Gottes, die er schenken und geben kann wann, wo, wem und wie er will. Und er gibt Frucht, die langsam nach eigenen Gesetzen und unter bestimmten Bedingungen wächst. Wichtig, daß ich das nicht verwechselte! Damit hatte ich für mich den Schlüssel gefunden, der mir einige meiner Probleme und Fragen aufzuschließen vermochte: Warum schenkte mir Gott in gewissen Situationen nicht »mehr« von der so dringend benötigten Geduld, warum nicht »mehr« Freude, warum, warum ...? Um Frucht zu bringen, darf ich ihm das Wie und Wann nicht vorschreiben. So wird mir Gott nicht »automatisch« Geduld schenken (das hätte ich so gerne!), sondern wachsen lassen durch »sein Gesetz«. Wie das wirkt, steht in Römer 5: »... Bedrängnis bringt Geduld, Geduld Bewährung, Bewährung Hoffnung, Hoffnung läßt nicht zuschanden werden ...« Ich erkannte auch, wie unsere deutsche Sprache das eindrücklich wiederzugeben vermag: es heißt z. B. Geduld üben, Barmherzigkeit üben, Liebe üben. Dieses Üben ist ein Erziehen zur Freude und erinnert mich auch wieder an »Ich will«!

Sich zur Freude erziehen – dazu gehört sicherlich auch, daß ich mir bewußt etwas Gutes und Freude gönne. So wird vielleicht ein grauer Alltag farbiger und damit froher, wenn ich bewußt an- und stillhalte: ein Spaziergang, ein Besuch bei Freunden, ein Stadtbummel, ein Konzert. Und dann das Freudebereiten am Nächsten, das wie ein Kreislauf der Freude wirkt. Denn sicherlich ist der alte Vers aus dem Poesiealbum noch bekannt: »Willst du glücklich sein im Leben, trage bei zu anderer Glück. Denn die Freude, die wir geben, kehrt ins eigene Herz zurück.«

Oft sind es ja die kleinen Dinge des Lebens, die uns erfreuen und unser Leben reich machen. Deswegen müssen wir die kleinen Dinge bewußt (an-)sehen und uns daran freuen. Vielleicht müssen wir unser Leben täglich im Bewußtsein seiner Endlichkeit leben, d. h. den Wert jeden Augenblickes erkennen und nützen, um als reich Beschenkte durchs Leben mit seinen Höhen und Tiefen zu gehen. Das kleine Glück ist oft so verborgen und unscheinbar, daß wir es kaum beachten und einfach übersehen. Deswegen achte ich z. B. bewußt auf das fröhlich-unbeschwerte Gezwitscher eines Vogels, ich staune über die Schönheit einer Blume, ich bin ergriffen von dem gewaltigen Schauspiel eines Gewitters, ich freue mich am strömenden Regen nach langer Dürrezeit und an vielem anderen mehr.

So wie jede Lebens- ist auch jede Leidensgeschichte »einmalig«. Damit auch jede Glaubensgeschichte. Ich bin einzigartig mit allem, was ich bin und habe. Dieser Gedanke machte mich besonders froh. Im 4. Kapitel des 1. Timotheusbriefes wird das beschrieben, was ich so gerne wollte, nämlich an meiner Lebensführung meinen Glauben erkennen zu können: »… übe dich statt dessen in einer Lebensführung, die deinem Glauben entspricht und an der man deinen Glauben erkennt … führst du ein Leben, das deinem Glauben entspricht, so wirst du alles bewältigen. Dein Leben auf dieser Erde wird dir gelingen, und das Leben in der kommenden Welt wartet auf dich. Das ist wahr und ist wert, daß wir daran festhalten … Auf dieses Ziel hin arbeiten und kämpfen wir. Wir verlassen uns auf den lebendigen Gott, der der Helfer und Retter aller Menschen ist, ganz besonders aber derer, die sich auf ihn verlassen … lebe mit deinem ganzen Herzen und allen Kräften darin, daß vor den Augen aller deutlich wird, wie du vorankommst und wieviel du zu geben hast … Gib acht auf dich selbst und auf das Wort von Christus, behalte beides und halte es fest …« (Nach Jörg Zink)

Eigenartigerweise werde ich bei diesem Bibeltext an eine Tagebucheintragung des leidgeprüften Jochen Klepper erinnert, die mir sehr zu Herzen und unter die Haut gegangen ist: »Mir ist, als wäre erst jetzt, wo ich müde und geängstigt bin, das Thema meines Lebens gefunden: ›Daß ich ihn leidend lobe, das ist's, was er begehrt‹.« Im Dunkeln lerne ich, Gott ein neues, ein anderes Lied zu singen – aber eben: mein Lied, das nicht in Dur, sondern in Moll geschrieben ist.

In Gottes Wort lese ich, daß alles Leid, aller Schmerz, alles Geschrei ein Ende haben und in Freude verwandelt wird. Wie wohltuend, jetzt schon wissen zu dürfen, daß Gott alle unsere Tränen abwischen wird. Und wenn ich mein Leid leicht- und nicht schwernehmen will, dann nur, weil ich die Gewißheit aus dem Worte Gottes an- und wahrnehme: »... Die künftige Herrlichkeit, die Gott für uns bereithält, ist so groß, daß alles, was wir jetzt leiden müssen, in gar keinem Verhältnis dazu steht ...« (Römer 8,18). Das ist nicht billige Vertröstung auf das Jenseitige, das ist Trost und Motivation für das Hier und Jetzt!

Doris Gallmann

18.
Ausblick

Zuletzt
wirst du auferstehen
aus deiner Klage.
Verwehen
wird dein banges Fragen
wie ein Nichts.

Zuletzt
wirst du erkennen,
daß deine Grenzen
Brücken waren
auf dem Weg zu ihm,
daß du niemals
tiefer umarmt warst
als im Leid.

Zuletzt
wird nur das Eine bleiben:
das dankbare Gewahren,
daß alles gut war,
*wie es war.**

* Sabine Naegeli: »Die Nacht ist voller Sterne«, Freiburg 1987[5], S. 98.

19.
Licht im Dunkeln

Eigentlich wollte ich nicht schon wieder einen Patienten im Verbrennungszimmer (in ihm werden Patienten mit hochgradigen Verbrennungen versorgt) betreuen, auf der anderen Seite war ich neugierig auf Frau S., eine neunzigjährige alte Frau, die sich durch eine entflammte Herdplatte schwere Verbrennungen zugezogen hatte.

Frau S. wurde mir von allen meinen Kolleginnen und den Ärzten als eine Patientin beschrieben, die in angenehmer und guter Weise auffiel. Welche Ausstrahlung sie tatsächlich hatte, wurde mir deutlich, als ich sie einige Tage versorgte und pflegte!

Da lag sie nun vor mir, in ihrem für das Verbrennungszimmer typisch hergerichteten Bett, schwerstverbrannt, bis auf die Beine und das wohlgeformte Gesicht.

Herr, fragte ich mich, warum?

Warum muß solch eine alte Frau noch eine so qualvolle Wegstrecke gehen?

Hättest du es nicht verhindern können?

Wie jedem Patienten stellte ich mich auch Frau S. vor, doch bevor ich das tat, schaute ich mir nochmals genau ihr Gesicht an, die Augen hatte sie geschlossen.

Welch ein für ihr Alter hübsches Gesicht strahlte mir entgegen. Vielleicht sah es deshalb so wirkungsvoll aus, da ja alle umliegenden Körperteile schwer verbrannt waren!

Vorsichtig strich ich meiner Patientin über das Gesicht und stellte mich mit meinem Namen vor!

Frau S. verzog die Mundwinkel zu einem Lächeln.

Ich erklärte ihr, daß ich ihre betreuende Schwester für die nächsten Wochen sei.

Die Tage vergingen. Frau S. mußte sich mehreren Operationen unterziehen. Alte verbrannte Haut wurde abgetragen, und die Chirurgen versuchten neue Haut zu transplantieren.

Sobald meine Patientin sich wieder von einer Operation erholt hatte und sprechen konnte, hörte ich sie beten. Sie betete in dankbarer Haltung!

Könnte ich in einem solchen Zustand meinem Gott noch dankbar sein? fragte ich mich selbst.

Während meines Nachdenkens erfüllte mich im Inneren eine unbeschreibliche Freude, zu wissen, daß Frau S. einen festen Halt in Gott hatte.

Nachdem sich meine Patientin wieder einmal von einer Operation erholt hatte, sprach ich sie auf ihren christlichen Glauben an.

Sie erzählte mir, daß sie sehr spät, erst mit fünfunddreißig Jahren zum persönlichen Glauben gefunden hatte!

»Leider«, in ihrer Stimme lag eine Traurigkeit, »begriff ich erst so spät, was es bedeutet, den festen Anker Jesus zu haben.«

Traurig war sie auch darüber, daß ihre vier Kinder kein Interesse am Glauben hatten. Das schmerzte sie sehr!

Doch in ihrem regelmäßigen Gebetsleben schloß sie stets ihre Kinder in ihrer Fürbitte ein.

Ihr Lebensgrundtenor war geprägt von Dankbarkeit!

Wochen vergingen, Frau S. lebte immer noch. Ein chirurgisches Wunder? Oder Gottes Weg mit ihr?

Ärzte kamen ins Fragen, denn aus medizinischer Sicht hätte Frau S. ihren schweren Verbrennungen schon längst erlegen sein müssen. Dennoch, sie lebte immer noch und strahlte dieses »Etwas«, diese Jesus-Art aus!

Frau S. durfte allen, die sie versorgten, Ärzten und Schwestern, ein Licht sein.

Die Adventssonntage nahten, und Frau S. lag nach wie vor im Verbrennungszimmer.

Trotz aller Schmerzen, schwerem Leiden und deutlich schlechterem Allgemeinzustand sang meine Patientin mit mir zusammen viele Lieder. Welch einen Liedreichtum trug sie mit sich, von dem sie jetzt in dieser schweren Zeit zehren konnte.

Und immer wieder kam sie im Gebet und Flehen vor Gott!

Beim Vorlesen der Weihnachtsgeschichte lag ein tiefer Friede und Ruhe auf ihrem Gesicht.

Heiligabend war nicht mehr weit, die Kinder besuchten ihre Mutter regelmäßig.

Hilflos standen sie am Bett der Mutter, Fragen über Fragen bewegten sie.

Frau S. wurde nicht nur den Ärzten und Schwestern, auch ihren eigenen Kindern mitten in einer schweren Leidenszeit zum reichen Segen.

Für mich persönlich wurde das Verbrennungszimmer zum Stall von Bethlehem.

Frau S. erlag am 24. Dezember 1992 ihren schweren Verbrennungen!

Heidi Reichert

*Herr Jesus Christus,
laß uns in der Schwere der
Lebenswirklichkeit
deine Herrlichkeit nicht
vergessen.*

Hermann Bezzel

*Jesus spricht:
Ich bin die Auferstehung und
das Leben.
Wer an mich glaubt, der wird
leben,
auch wenn er stirbt;
und wer da lebt und glaubt an
mich,
der wird nimmermehr sterben.
Glaubst du das?*

Johannes 11,25 + 26

20.
Wo Hoffnung Wurzeln schlagen kann

Christoph Morgner über den beeindruckenden Umgang einer Frau mit ihrem Leid.

»Ich weiß seit einiger Zeit, daß ich nicht mehr lange zu leben habe. Ich bin an einem unheilbaren Knochenkrebs erkrankt, der mir eine Lebenserwartung von höchstens noch fünf Jahren läßt. In den ersten Wochen habe ich mehr oder weniger Tag und Nacht geweint. Ich wollte doch leben! Ich war noch so jung. Und nun hatte ich statt dessen Leidensjahre vor mir. Ich haderte auch mit Gott, fragte ihn wütend, warum er mir dieses Schicksal aufgenötigt habe. Dann kam die Osterzeit. Ich blätterte in einer Zeitschrift herum und entdeckte darin die Schilderung des Ereignisses von Gethsemane. Die Worte Jesu: ›Mein Vater, wenn es möglich ist, so gehe dieser Kelch an mir vorüber, doch nicht wie ich es will, sondern wie du es willst‹; die trafen mich plötzlich wie ein Blitzstrahl. Auch bei Christus war es ja nicht möglich gewesen, daß ihn der liebende Vater vor dem grausigen Tod bewahrte. Aber nicht wie ich will, dachte ich an diesem Tag unaufhörlich. Der Satz drängte sich mir auf, hängte sich in mir fest. Mir war, als rüttelte er mich. ›Aber nicht wie ich will.‹ Und auf einmal konnte ich mit voller Bejahung im Hinblick auf mich selbst hinzufügen: Sondern wie du willst, mein Gott. Auf einmal war nun alles ganz neu. Mein Leben wurde anders. Ich merkte, daß ich nicht nur ruhig wurde, sondern daß in mein Leben eine Freude einkehrte, wie ich sie nicht einmal bei den schönsten Weihnachtsfesten erlebt hatte. Seitdem kann ich mich an so vielen Dingen freuen: an der Sonne am Morgen, an den singenden Vögeln, am Wind in den Bäumen, an einem guten Essen, an meinen lieben Eltern, an meiner weichen Bettdecke, an den Blumen auf dem Fensterbrett. Ich bekomme sehr gute Medikamente gegen die Schmerzattacken. Aber manchmal geschieht mir zu meiner eigenen Freude sogar dies, daß ich eine ganze Weile die Attacke verheimlichen kann, weil ich in der Obhut des Gekreuzigten einige Schmerzen aushalten, wirklich ertragen kann. Auch das macht mich froh. Ich habe eine Erfahrung gemacht, die ich einfach weitererzählen möchte: Fürchtet euch nicht zu sehr vor Leid und Kummer. Solche Zeiten sind nicht nur trostlos, da steckt ganz viel drin, man muß es nur einmal entdeckt haben.«

Notiert von
Christoph Morgner

21.
Loblied

Der Herr, mein Gott,
macht meine Finsternis licht.
Psalm 18,29 b

Eine junge Schwester aus Aidlingen wurde mit 33 Jahren todkrank. Während ihrer Therapie- und Ruhezeiten dichtete sie viele Lieder. Sie bringen die Freude, den Halt und die Geborgenheit in Jesus Christus zum Ausdruck.
Auch das folgende Lied wurde von ihr verfaßt:

Refrain: Jesus, die Sonne, das strahlende Licht! Jesus, die Freude, die Mauern durchbricht! Die auf ihn schauen, werden sein wie die Sonne, wie sie aufgeht in ihrer Pracht, wie sie aufgeht in ihrer Pracht.

1. Als um mich war ein Gefängnis von Angst und Traurigkeit, da führte aus der Bedrängnis mich Gottes Freundlichkeit.

2. Für Gott ist doch nichts unmöglich, er will mir Gutes tun. Durch ihn allein bin ich glücklich, kann bei ihm sicher ruhn.

3. Gott läßt meinen Fuß nicht gleiten, nie schläft und schlummert er, umgibt mich von allen Seiten mit seinem Engelheer.

4. Es mögen sich freuen alle und rühmen Gottes Gnad' mit fröhlichem Jubelschalle, weil er gesegnet hat.

22.
Durch Leid hindurch zu neuer Freude

Vor Jahren las ich von einer alten, lebensklugen Bäuerin, wie sie ihrer Tochter zweierlei vererbte: einen schönen Bauernhof und ein längliches unscheinbares Schächtelchen. Liebevoll schrieb sie auf den Deckel: »Für Notzeiten und Leiderfahrung«. Dabei sagte sie zu ihrer Tochter: »Hiermit gebe ich dir weiter, was mir geholfen hat. Wenn du schwere Tage erlebst, dann öffne diese kleine Schachtel und denke über den Inhalt nach!« Die Tochter legte das Vermächtnis achtlos beiseite. Erst nach Jahren, als der Hof vor dem Ruin stand und ihre Ehe zerbrochen war, erinnerte sie sich daran und öffnete die Schachtel. Verwundert entnahm sie zwei beschriftete Holzstäbchen. Auf dem einen stand »Mein Wille« auf dem anderen »Gottes Wille«. Sie hielt den Stab »Mein Wille« waagerecht und den anderen senkrecht, ein Kreuz bildend, in die Höhe. Voller Bitterkeit sagte sie: »Gott, du hast alle meine Pläne und Hoffnungen durchkreuzt! Es bleibt mir nur noch ein Trümmerhaufen!« Sollte das die letzte Botschaft ihrer Mutter sein? Dann hielt sie die beiden Stäbchen parallel, eins neben dem anderen. Es entstand ein Weg. »Wenn ich also meinen Willen dem Willen Gottes parallel setze, dann kann ich einen Ausweg erkennen«, folgerte sie, »das wird es wohl sein, was die Mutter mir sagen wollte.«

Gleichzeitig erkannte die Tochter, daß sie bisher kaum nach Gottes Willen gefragt, sondern vielmehr nach eigenem Gutdünken gelebt hatte. Das Ergebnis erschütterte sie zutiefst. Darum entschied sie, sich zu bemühen, von jetzt ab ihren Willen dem Willen Gottes gleichzusetzen. »Ja, Vater«, sagte sie, »ich will nun deinen Weg gehen, den du für mich ausgesucht hast! Wenn ich auch dein Handeln nicht verstehen kann, ich will dir trotzdem vertrauen!«

Ich kenne eine kleine schmucklose Kapelle. Ihre Wände sind weiß gestrichen. Nur an der Stirnwand stehen zwei Worte: »Ja, Vater.« Lange saß ich davor und buchstabierte sie. Es war damals, als Gott meinen Mann in die Ewigkeit abberufen hatte und ich als 36jährige Witwe mit sechs Kindern zurückblieb. Ich fühlte mich von Gott und Menschen verlassen und klagte: »Laß mich diesen einsamen und harten Weg nicht barfuß gehen!« Da gab Gott mir die Schuhe des Trotzdemvertrauens an die Füße, und der steinige Weg wurde gehbar.

Es ist gut, wenn wir diese Schuhe in weniger schweren Zeiten schon eingelaufen haben.

Leid ist dann besonders schwer zu verkraften, wenn es uns sinnlos erscheint. Damals dachte ich: ›Gott regiert alles weise und planvoll. Aber in meinem Fall ist ihm ein furchtbarer Irrtum unterlaufen.‹

Ständig fragte ich: »Warum? Warum?« Da erkannte ich: Gottes Pläne sind für uns Menschen oft undurchschaubar. Seine Gedanken sind höher als unsere Gedanken. Er ist uns nicht die geringste Rechenschaft schuldig. Wie können wir es wagen, ihn auf die Anklagebank zu setzen und uns als Richter aufzuspielen?

Warum mutet Gott uns schweres Leid zu? Erst jetzt nach Jahren und Jahrzehnten dämmert mir so etwas wie eine Antwort.

Zum Beispiel als ich von einem italienischen Bildhauer las, der in den Marmorsteinbrüchen von Carrara nach geeignetem Material suchte. Endlich fand er einen großen, unförmigen Brocken. Entzückt blieb er davor stehen und sagte: »Da steckt ein Engel drin!« Die Umstehenden schüttelten den Kopf. Nur der Meister sah im Geist schon den weißen Engel im rohen Marmorblock.

In seiner Werkstatt arbeiteten er und seine Gesellen in monatelanger Arbeit das innerlich Geschaute heraus. Mit Hammer und Meißel klopften sie alles, was im Wege war, ab. Immer mehr wurde die Engelsgestalt erkennbar, zuerst nur ihre Konturen, dann nach und nach auch ihre Bewegung und ihr Ausdruck.

Genauso stelle ich mir vor, daß der himmlische Meister mit schmerzenden Schlägen und dem Hammer und Meißel des Leides an uns arbeitet, daß wir »gleich sein sollten dem Bild seines Sohnes« (Röm 8,29 b). So wie meine Kinder sich etwas ähnlich sehen, weil sie die gleichen Eltern haben, so sollen wir Wesenszüge des Gottessohnes tragen, weil wir mit ihm den gleichen himmlischen Vater haben. Nur so passen wir an Gottes Familientisch.

Oft denke ich, ich bin noch weit entfernt, auch nur annähernd so zu sein, wie Jesus Christus war und ist: so zu vergeben, wie er vergibt, so zu lieben, wie er liebt, so mein Kreuz auf mich zu nehmen, wie er es getan hat. Diese Haltung liegt nicht in meiner Natur. Darum hat Gott viel Mühe mit mir. Doch was er begonnen hat, das wird er in seiner Treue auch vollenden.

Je älter ich werde, desto mehr wird mir klar, daß das Leid, ganz gleich in welcher Gestalt es uns trifft, einen geheimen Zusammenhang hat mit der ewigen, unvorstellbaren Herrlichkeit. Es trägt eine verborgene, schöpferische Kraft in sich; es »schafft eine ewige und über alle Maßen gewichtige Herrlichkeit« (2. Kor 4,17). Gott ist gerecht: je tiefer wir hier leiden, desto mehr wird er uns in der Ewigkeit trösten. Von seiner Warte aus hat unser Leid einen tausendfachen Sinn. Eines Tages werden wir ihn mehr und mehr erkennen.

Wenn ich mich als Leidgeprüfte fühle, dann hilft es mir, eine katholische Kirche zu besuchen. Dort gehe ich sinnend die Leidensstationen an den Seitenwänden entlang. Die verschiedenen Bilder helfen mir, die Leiden Christi damals und heute zu bedenken: wie er abgelehnt wird, von seinen besten Freunden verlassen, verspottet, entehrt, entstellt, verurteilt, seelisch und körperlich zutiefst verletzt. Er weiß, wie schmerzlich Leiden sind und ist somit auch mein Leidensgefährte. Seine Leidenskraft, seine Geduld, sein Gottvertrauen in höchster Verzweiflung erfüllen mein Herz. Gestärkt und getröstet gehe ich in meinen problembeladenen Alltag zurück.

Wohl niemand von uns hat ein sonniges, problemloses Leben. Immer wieder müssen wir durch Trauerwüsten, Verlusterlebnisse und Verlassenheiten hindurch. Doch dabei ist es wichtig, daß wir nicht steckenbleiben, sondern weitergehen! Immer weiter – Tag für Tag, sonst kommen wir in der Wüste um! Eines Tages ahnen wir ihre Grenze. Nun ist es unsere Entscheidung: Bewußt eine neue Lebensstrecke zu beginnen, ohne die alte Geborgenheit, ohne den geliebten Menschen, ohne die frühere Gesundheit? Oder wieder umkehren, zurück in die inzwischen vertraute Trauerwüste, zurück in das alte Selbstmitleid, zurück in die ständigen Sorgen und Ängste? Wie entscheiden wir uns? Ein neues, noch unbekanntes Land liegt vor uns. Werden wir es Stück für Stück einnehmen?

Ich kenne Frauen, die nach dem Tod ihres Partners, nach ihrer Ehescheidung, nach dem Weggang der erwachsenen Kinder, nach der Krebsoperation, nach ihrer Pensionierung, nach schweren Wegführungen eine neue Lebensstrecke begonnen haben. Sie haben sich wieder einen Freundeskreis aufgebaut, diakonische Aufträge übernommen, einen Blick für andere Leidgeprüfte erhalten, ja, sie sind wahre Trösterinnen geworden. Manche haben sich beruflich weitergebildet und haben Gaben entdeckt, von denen sie zuvor keine Ahnung hatten. Oder sie erleben jetzt, wie beglückend es ist, anderen kleine Freuden zu machen, Trostbriefe zu schreiben, Kranke zu besuchen, mutmachende Worte zu sagen. Sie haben ja die Wüste erlebt und sind nicht darin umgekommen. Sie haben in der Wüste Brunnen gegraben und aus tiefen Quellen geschöpft. Ihre Erfahrungen sind jetzt begehrt.

Eine dieser Frauen sagte zu mir, als ich lebensmüde in meiner Trauerwüste saß: »G. t. w.!« Ich schaute sie fragend an. Was meint sie mit diesen drei Buchstaben? »Das heißt«, erklärte sie mir: »Geh tapfer weiter! Gott tut Wunder!«

Tatsächlich habe ich beim Weitergehen Wunder erlebt: Innere Wunden heilen und am Horizont tauchen neue, hoffnungsvolle Ziele auf.

Hannelore Risch

23. Fußspuren

Eines Nachts hatte ich einen Traum: Ich ging am Meer entlang mit meinem Herrn. Vor dem dunklen Nachthimmel erstrahlten, Streiflichtern gleich, Bilder aus meinem Leben. Und jedesmal sah ich zwei Fußspuren im Sand, meine eigene und die meines Herrn.

Als das letzte Bild an meinen Augen vorübergezogen war, blickte ich zurück. Ich erschrak, als ich entdeckte, daß an vielen Stellen meines Lebensweges nur eine Spur zu sehen war. Und das waren gerade die schwersten Zeiten meines Lebens.

Besorgt fragte ich den Herrn: »Herr, als ich anfing, dir nachzufolgen, da hast du mir versprochen, auf allen Wegen bei mir zu sein. Aber jetzt entdecke ich, daß in den schwersten Zeiten meines Lebens nur eine Spur im Sand zu sehen ist. Warum hast du mich allein gelassen, als ich dich am meisten brauchte?«

Da antwortete er: »Mein liebes Kind, ich liebe dich und werde dich nie allein lassen, erst recht nicht in Nöten und Schwierigkeiten. Dort, wo du nur eine Spur gesehen hast, da habe ich dich getragen.«

Margaret Fishback Powers

Habe dein Schicksal lieb,
denn es ist der Weg Gottes
zu deiner Seele.

Wandspruch in einem Kriegsinvalidenheim

Gott
hat doch früher schon in
mancher Not und Traurigkeit
über uns Flügel gebreitet.
Er hat uns nicht allein
gelassen.
Er hat uns die Kraft gegeben,
mit der Wunde im Herz fröh-
lich zu sein.
Und dieser alte Gott lebt
noch.

Otto Dibelius

24.
Gesegnetes Leid

Der Weg zur Höhe
führt durch die Tiefe.

Zur Weite
ist mir die Enge geworden,
denn in der äußersten Verlassenheit
habe ich erfahren,
wie geborgen ich bin.
Arm mußte ich werden,
um zu erkennen,
wie reich ich bin
in dir.
Weil du mich festhältst,
wage ich loszulassen,
was deine Liebe
mir abverlangt.
Zaghaft noch
sind meine Schritte,
aber ich gehe mit dir.
Ich spanne die Flügel des Vertrauens aus
und lasse mich führen
auf dem Weg,
den du mir bestimmt hast.
Gib mir, mein Gott,
eine Sprache, dich zu loben,
dich anzubeten mit nie gehörten Worten.
Gibt mir, mein Gott,

einen Lobgesang ins Herz,
der die Tiefen überdauert,
den der Schmerz
nicht auszulöschen vermag.
Ja, preisen will ich dich,
solange ich lebe,
denn du hast mir
mein Leid gesegnet.

Sabine Naegeli

Sabine Naegeli: »Die Nacht ist voller Sterne«, Freiburg, 1987, S. 104 - 105.

25.
Ich weiß mich geborgen

Ich weiß mich geborgen in Stürmen dieser Zeit,
ich weiß mich getragen, auch wenn mich quält ein schweres Leid.
In aller Bedrängnis, in Sorgen, Angst und Not
darf ich in Spuren vorwärtsgehen, geführt von Gott.

Kraft und Mut und Zuversicht ist er bereit zu geben,
seinen Segen und sein Wort
schenkt er reichlich Tag für Tag.
Ich weiß mich geborgen …

Ich bin viel zu schwach, den Lebenskampf hier zu bestehen,
doch durch seinen heiligen Geist
darf ich fest und ruhig sein.
Ich weiß mich geborgen …

Was die Zukunft bringen mag – kein Mensch kann es erahnen.
Doch es gilt für jeden Tag:
Gott kennt meinen Lebensplan.

Ich weiß mich geborgen in Stürmen dieser Zeit,
ich weiß mich getragen, auch wenn mich quält ein schweres Leid.
In aller Bedrängnis, in Sorgen, Angst und Not
darf ich in Spuren vorwärtsgehen, geführt von Gott.

Elisabeth Hammer